U0724472

高校政治课堂教学与活动型课程研究

熊丽娜 著

学苑出版社

图书在版编目（CIP）数据

高校政治课堂教学与活动型课程研究 / 熊丽娜著
. — 北京：学苑出版社，2023.9
ISBN 978-7-5077-6714-8

Ⅰ．①高… Ⅱ．①熊… Ⅲ．①高等学校－思想政治教
育－教学研究－中国 Ⅳ．① G641

中国国家版本馆 CIP 数据核字（2023）第 133944 号

责任编辑：乔素娟
出版发行：学苑出版社
社　　　址：北京市丰台区南方庄 2 号院 1 号楼
邮政编码：100079
网　　　址：www.book001.com
电子邮箱：xueyuanpress@163.com
联系电话：010-67601101（销售部）、010-67603091（总编室）
印 刷 厂：北京银宝丰印刷设计有限公司
开本尺寸：710 mm × 1000 mm　1 / 16
印　　　张：10.75
字　　　数：215 千字
版　　　次：2023 年 9 月第 1 版
印　　　次：2023 年 9 月第 1 次印刷
定　　　价：60.00 元

作者简介

　　熊丽娜，女，出生于1987年9月，江西南昌人，毕业于江西财经大学教育管理专业，硕士。现任职于江西财经大学教育系教研室主任，讲师。研究方向：大学生思想政治教育、教育管理。

前　言

　　大学生是祖国的未来，是民族的希望。高校思想政治教育能否成功，关系到人才能否健康成长、中国特色社会主义建设事业的成败。我国的高等教育正处在深刻的历史转变之中，主要表现为由注重规模扩张向注重质量提高转变，由世界人力资源大国向世界人力资源强国转变。重视和加强高校思想政治教育，不断提高高校思想政治教育的实效性，是不断改进和创新高校思想政治教育的内容和形式的现实需要，是提升高校思想政治教育水平、促进大学生健康成长成才的重要措施。

　　高校思想政治教育具有两方面的任务：一是对大学生进行思想政治知识灌输，培养大学生运用理论知识解决现实问题的能力；二是在思想上团结大学生紧密围绕在党的周围，确保大学生能够在毕业以后坚定地沿着党的路线走。因此高校思想政治教育工作是高校一切工作的核心。高度重视、不断加强和改进高校思想政治教育工作是做好高校思想政治教育的有力保证，也是统一大学生思想、凝聚大学生力量并使之投入祖国建设中的必由之路。无论是从教育学理论出发，还是从大学生的思想需要出发，高校思想政治教育工作在我国高校工作中的地位，在过去、现在和将来都不能改变。在全面建成小康社会的新历史时期，高校思想政治教育工作要不断改进，以适应我国思想政治工作、教育工作面临的新问题和大学生思想发展的基本需要。

　　在写作过程中，笔者借鉴了国内外很多有关的研究成果以及著作、期刊、论文等，在此对相关学者、作家表示诚挚的感谢。同时，由于笔者水平有限，书中难免有疏漏之处，恳切地希望各位专家和广大读者批评和指正。

熊丽娜

2023 年 1 月

目　录

第一章　高校思想政治教育概述

高度重视思想政治教育一直是我们国家的优良传统，是党的政治优势所在。我国高校历来把思想政治教育正确的价值取向作为思想政治教育的目标、理念和原则。价值取向指引着当下思想政治教育的改革与创新。在一般意义上，价值取向的确立既源于对思想政治教育工作经验的总结与反思，同时又受到社会实践的影响和制约。作为思想政治教育主体的高校，对教育价值取向的选择和把握是治校、兴校、育人之本。从文化根源上来讲，思想政治教育的目标、理念和原则确立的价值取向，源于对中国传统思想道德资源的批判继承。

第一节　中国传统思想道德教育

面对当下多元思想对大学生思想道德的影响，在大学生中加强中国传统思想道德文化教育十分必要。我国历来高度重视道德文化教育，它构成了中国教育传统的特质。中国传统思想道德文化本身是高等教育不可或缺的思想资源和教育资源，对大学生进行传统思想道德文化教育直接关系到大学生世界观、人生观、价值观的正确树立以及良好道德品质的形成。中国传统思想道德文化的内容博大精深、源远流长，发源于先秦，经由夏、商两代，到西周"六艺"教育已比较完备。春秋、战国时期百家争鸣，精彩纷呈，孔子创"仁学"，墨子论"兼爱"，老子说"无为"，孟子谈"存心"，荀子讲"隆礼"。汉代的董仲舒和宋代的朱熹，将儒家思想道德文化教育发展到顶峰。对以儒家道德理念为核心的中国思想道德文化教育有侧重地选取，应该成为目前高校思想道德文化教育的一个重要研究方向。

一、传统思想道德教育的内涵

（一）核心是经学教育

无论是哪个时期的教育，价值观都是教育运行发展的精神核心。经学教育是古代社会统治阶级宣扬推行儒家价值观的核心内容。经学也就是儒家经典著作论述之学。西周确立为"六经"，始见于《庄子·外篇·天运》，分别是《诗经》《尚书》《仪礼》《乐经》《周易》《春秋》。到了西汉时期，通过"罢黜百家，独尊儒术"运动，确立的经学教育内容包括"五经"即《易经》《尚书》《诗经》《礼记》《春秋》，后又演变为"七经"，在原来"五经"的基础上加上《孝经》《论语》。到了唐代又扩充至"九经"和"十二经"。宋代更是发展为"十三经"。也正是在宋代，经学教育越加成熟。经学的内容包括四书、五经，四书是《大学》《中庸》《论语》《孟子》。经学作为古代社会思想道德教育的核心，具有众多统治者需要的价值观念。比如，《春秋》中强调重视国家统一，不能分裂的观念；如"父子有亲，君臣有义，夫妇有别，长幼有序，朋友有信"的"五伦"观念；如"天子受命于天，诸侯受命于天子，子受命于父，臣受命于君，妻受命于夫。诸所受命者，其尊皆天也"的忠君思想。这些内容也成为入官入仕的标准。

（二）原则是德育至上，追求"圣人"境界

中国古代历任以儒家思想为治理思想的统治者，无不重视道德教育，宣扬道德至上的观念。在传统儒家的教育内容上主要就是道德教育和知识教育，而二者中，道德教育是第一位的。"师者，所以传道授业解惑也"说明首先是传道，然后才是授业。这里的道属道德的范畴，如"仁、义、礼、智、信、文、行、忠"。"夫仁义礼智信五常之道，王者所当修饬也……受天之佑，而享鬼神之灵。德施于方外，延及群生也。"（董仲舒《举贤良对策》）同样，儒家哲学思想中提倡不断提高人的道德境界，并将此视为儒家学说的精神实质所在，这里不难发现"圣人"处处存在，也能感觉到"圣人"观念的强大统摄力。"存天理，灭人欲"，"未有天地之先，毕竟是先有理……有此理，便有此天地。若无此理，便亦无天地，无人无物，都无该载了"（朱熹《朱子语类》）。儒家的"圣人"境界是一种具有纯粹道德性质的范畴，是一种理想的追求，具有超越现实的文化倾向；但这种超越性又不脱离于现实，表现为对现实人生的觉解。

（三）途径上重视多种方式

儒家伦理道德规范有一套系统的实施教育的方法。总体上看，注重学校、家

庭、社会、环境的教化，也注重自我克制、自我认知、自我感悟等自身修养，并力图二者的结合统一。学校方面强调"天地君亲师"，"教不严，师之惰"。家庭方面注重家训、家规、家仪和家教。在社会教育方式上，设礼部这一专司教化的官方机构等。在环境的教化和自身修养上强调天人感应，"夫万民之从利也，如水之走下，不以教化堤防之，不能止也……古之王者明于此，是故南面而治天下，莫不以教化为大务，立太学以教于国……渐民以仁，摩民以谊，节民以礼，故其刑罚甚轻而禁不犯者，教化行而习俗美也"（董仲舒《举贤良对策》）。

二、传统思想道德教育的局限性

（一）方式单一，以灌输为主

灌输式也称为注入式，是指教育者对受教育者进行单向灌输，强调把古代社会相对固定的道德原则和文化内容传给教育对象，并通过训练、考试、惩罚等方式巩固和强化。灌输式教育是人类社会文化发展到一定时期的必然产物，当时受生产力发展所限，知识还掌握在少数特权人的手中，这些人通过设立规模不大的学校、私塾来讲授这些知识，这就是早期的灌输式教育存在的土壤条件。这种灌输式教育忽视对人的个性的尊重，也忽视对人的探索能力的启发和创造力的引导。其实，孔子在教育方式上对这种灌输式有过一定程度上的变通，这就是因材施教的由来。《论语》中有这样一个故事——子路问："闻斯行诸？"子曰："有父兄在，如之何其闻斯行之？"冉有问："闻斯行诸？"子曰："闻斯行之。"公西华曰："由也问闻斯行诸，子曰：'有父兄在'；求也问闻斯行诸，子曰：'闻斯行之。'赤也惑，敢问。"子曰："求也退，故进之；由也兼人，故退之。"（子路问："听到一件合于义理的事，立刻就去做吗？"孔子说："父亲和兄长还活着，怎么可以不先请教他们就去做呢？"冉有问道："听到一件合于义理的事，立刻就去做吗？"孔子说："听到了应该立刻就去做。"公西华说："仲由问，'听到一件合于义理的事，立刻就去做吗？'时，您回答'还有父兄在，怎么可以听到了立刻就去做'，冉有问'听到一件合于义理的事，立刻就去做吗？'时，您回答'听到了应该立刻就去做'。我感到迷惑，请问这是什么缘故呢？"孔子说："冉有畏缩不前，所以我鼓励他进取；仲由好勇过人，所以提醒他退让些。"）孔子并没有教条地就问题回答问题，而是针对子路和冉有的不同性格做出了不同的回答，这即以因材施教的教育方式来传授知识。

（二）否定人欲，排斥现实

中国传统思想道德教育在道德本质上强调精神对物质的超越，道义对功利的超越，理想对现实的超越，从而以天理否定人欲，以道义否定功利，以理想代替现实。孔子曰："君子喻于义，小人喻于利。"（《论语·里仁》）董仲舒说："正其义不谋其利，明其道不计其功。"（《汉书·董仲舒传》）"人欲尽处，天理流行，随处充满，无少欠阙……而其胸次悠然，直与天地万物上下同流。"（《论语集注·先进》）"人化物也者，灭天理而穷人欲者也。于是有悖逆诈伪之心，有淫泆作乱之事。"（《礼记·乐记》）王阳明说："静时念念去人欲，存天理。动时念念去人欲，存天理……其心纯乎天理而无人欲之杂。"（《传习录》）这些大儒和他们的封建统治者都将精神和物质、道义和功利、理想和现实绝对对立起来，把道德看成脱离物质利益、否定物质需求的必然结果。这是一种近乎宗教式的禁欲主义，成为束缚人民思想的精神枷锁和强化封建礼教的工具，因而也受到了当时以及后来的一些进步思想家的批判。比如，"永康学派"的创始人陈亮说："自道德性命之说一兴，而寻常烂熟无所能解之人自托于其间……为士者耻言文章行义而曰'尽心知性'，居官者耻言政事书判而曰'学道爱人'，相蒙相欺以尽废天下之实，则亦终于百事不理而已。"（《龙川文集》）"才者以跅弛而弃，不才者以平稳而用；正言以迂阔而废，巽言以软美而人。"（《戊申再上孝宗皇帝书》）陈亮这种义利并举、讲求实效、重视人欲功利的精神在那个时代确实留给我们一份宝贵的财富。明末思想家顾炎武说："以明心见性之空言，代修己治人之实学。股肱惰而万事荒，爪牙亡而四国乱。神州荡覆，宗社丘墟。"（《日知录》）他的这一总结一针见血。可见当时的传统思想道德教育排斥人欲、耻言功利、高谈理性，轻视实务之风气遍及天下，影响深远。进步思想无法成为社会思想主流，以否定人欲、否定功利为道德本质的思想依然占主导地位。这种道德观中道德被看成无须主体思考即可确定的超越功利、摒弃欲望，无视个体情感、个性人格、兴趣爱好的天理良心。

第二节　新时代思想政治教育

技术改变教育。早在 21 世纪初，计算机技术开始普遍运用于教育，随后是多媒体技术和互联网技术在教育上的运用，教育在新技术的推动下发生着深刻的革命。如今互联网、大数据、云计算、人工智能等新技术成为教育改革与发展的生长点，智能教育成为高等教育的大势所趋，智能校园在云计算和大数据技术的支持下成为校园文化、校园思想政治教育的主流。

一、互联网的优势与不足及"互联网＋教育"概述

互联网又称因特网，始于 1969 年的美国。作为一个国际信息化、数据化的交流互动平台，互联网将全球的计算机网络互相连接在一起，可以将信息瞬间发送到千里之外的人手中，成为信息社会的基础。人们可以在互联网上聊天、玩游戏、听音乐、购物等，还可以在互联网上进行学习和工作，因此互联网现已成为全球性的生活、工作与学习的平台，成为教育所依赖的一个重要工具。

（一）互联网的优势与不足

互联网在现实中的应用很广泛，每天有数以亿计的人使用互联网，大家用它来聊天、了解资讯、购物等。互联网的出现也促进了一些新兴行业的诞生，如网络写作与网络宣传等。互联网正在日益影响着教育，现在已成为一个能够相互交流沟通、相互参与的互动平台，是教育改革与发展的重要载体和工具。

1. 互联网的优势

互联网作为载体与工具，具有如下特点：信息传播的效率高、实时便捷，信息交换互动性强、成本低，满足个性化发展需求，信息储存量大，信息处理快，并能以多种形式存在（视频、图片、文档等）。有专家认为互联网的平台优势在于自由、开放、平等、交互、合作、个性、虚拟、持续、全球化等。互联网的出现对传统的教育语言产生了重大影响，出现了网络教育语言，这种语言是随着网络的发展而新兴的一种有别于传统平面媒介的教育语言形式：简洁生动、方便快捷。随着互联网的发展和对网络教育语言研究的深入，一门崭新的语言学科——网络教育语言学诞生。西班牙知名学者圣地亚哥·珀施特圭罗教授在 2003 年出版的专著《网络语言学：网络中的语言、话语与思想》中，对网络语言学做了较为全面而系统的论述。2005 年英国知名学者戴维·克里斯特尔教授发表了《网络语言学的范围》一文，就网络和信息技术对语言产生的影响问题做了深入探讨。后来，中国学者结合网络语言学对教育的影响，建立了网络教育语言学的相关知识体系。

归纳互联网的优势有四点值得肯定：一是可以及时地获取相应的信息。互联网的使用工具多种多样，包括手机端、PC 端等，人们可以随时随地在任何有互联网的地方获取自己需要的相关知识和信息。例如，学生可以利用互联网获取更

为广泛的课外知识，拓宽自己的视野。二是可以丰富人们的业余生活。随着电子媒介逐渐兴起，人们在休闲时间里可以利用手机及计算机进行网上阅读，还可以利用互联网看视频、听音乐、玩游戏等，放松心情。三是可以促进人们的个性化发展。随着互联网的发展，现在人们的学习与生活都离不开它，各个年龄段的人都在使用不同的社交及聊天工具，包括微信、QQ、微博、博客等。人们可以随时随地发表自己的观点，记录自己的日常生活，包括去哪里旅游、看了什么小说等，这样既可以锻炼自己的文笔，提高摄影技术，也树立了自信心。四是可以促进经济的发展。"互联网＋"的行动计划，把传统行业与互联网结合起来，利用互联网的优势，形成互联网金融、互联网医疗、互联网教育、互联网农业等新业态行业。

2. 互联网的不足

互联网就像一把双刃剑，在带给人们便利与舒适的同时，又会对人们的生活及教育产生一些不良影响。第一，计算机及其网络是一项新的技术，它还缺少完善的知识产权及一些运作保障机制。第二，网络上存在虚假信息、网络欺诈、色情与暴力、黑客攻击等现象，会给人们的生活带来不良影响。在互联网高度发展的今天，人们的方方面面都与互联网相关，一些网络"高手"利用网络黑客技术盗取人们的隐私、不法分子利用一些网络漏洞来截取个人的账号和密码等，会对人们的隐私安全产生危害。第三，网络游戏的高度发展，让青少年的人生观与价值观教育，以及大学生的思想政治教育成为一个社会化的问题。例如，部分青少年沉迷于网络虚拟世界，脱离现实，荒废学业；部分大学生沉迷网络，成天泡在网吧里打游戏，导致对学习和生活没有积极性，身心受到极大的伤害。第四，参与网络传播的人数众多，传播者的素质良莠不齐。第五，网络缩小了人的交际圈，拉大了与周围人的距离，导致欠缺对朋友家人的关爱。

水既能载舟亦能覆舟，互联网导致的学习、生活、教育上的不良影响，需要网络思想教育工作者为受教育者树立一道安全的"防火墙"，使其有道德底线，能选择网络的有利面并能抵制其不利面，创造教育的美好未来。

（二）"互联网＋教育"概述

加快教育现代化，办好人民满意的教育是优先发展教育事业、建设教育强国的重要途径。教育信息化已经成为推动教育改革发展的重要支撑和标志，以信息化带动教育现代化，是实现教育高质量、均衡发展的必由之路。现在，教育行业为国家基础长青行业。教育行业增长迅猛，市场潜力巨大。当前，我国已经成为国际上的互联网使用大国，国家提出加快实现互联网普及全国教育领域的对策，要使"互联网＋教育"成为我国"互联网＋"战略的重要组成部分。

1."互联网＋"

《国务院关于积极推进"互联网＋"行动的指导意见》中界定，"互联网＋"就是"把互联网的创新成果与经济社会各领域深度融合，推动技术进步、效率提升和组织变革，提升实体经济创新力和生产力，形成更广泛的以互联网为基础设施和创新要素的经济社会发展新形态"。中国是一个互联网使用大国，自2015年首次提及"互联网＋"战略，就要求制订"互联网＋"行动计划，推动移动互联网、云计算、大数据、物联网等与现代各行各业结合，促进电子商务、工业互联网和互联网金融、互联网教育等各行各业的现代化发展。2016年国家落实了"互联网＋"行动计划，2017年对"互联网＋"模式进行了扩充，2018年"互联网＋"模式得到了进一步完善，2019年全面推进"互联网＋"的现代化发展，深入推进"互联网＋"行动和国家大数据战略。

2."互联网＋教育"

联合国教科文组织发布了"教育2030行动框架"，强调人人都能够拥有终身学习的机会与权利。"互联网＋教育"的行动，就是要最终把我国建设成为人力资源强国以及学习型社会的行动。有学者认为"互联网＋教育"就是利用互联网等多媒体技术开展的新型教育形态，是建立在互联网技术基础上的以学习为主体的教育。

"互联网＋教育"具有很重要的教育改革与发展意义。从导向意义上讲，"互联网＋教育"是在我国未来教育发展基础上提出的，它既体现了世界教育技术的改革与发展趋势，也符合我国人力资源众多，要依靠互联网技术的现实情况。从战略意义上讲，"互联网＋教育"以开放的角度借助互联网技术营造全新的教育面貌，促进教育公平，解决教育资源不均，推动教育机会均等。从反思意义上讲，"互联网＋教育"是新媒体时代教育各个方面发展与改革的目标，作为教育的本身，在多元化发展的背景下，已不再局限于院校与课堂内部，而是要综合考虑教育外部一系列因素。从平等意义上讲，"互联网＋教育"是一个与终身学习密切相关的目标，它不仅意味着互联网技术的强大，而且通过互联网的普及来促进全民具有平等学习的机会与选择权，它体现着强烈的教育公平与学习机会均等的理念与目标。

二、新时代高校思想政治教育的目标及内容

高校思想政治教育是党在新时代教育发展中的一个重要领域，落实立德树人根本任务，培养出一流的建设者和接班人，其重要要求是把立德树人融入课程与教学的"中心环节"和高校"立身之本"的意境之中。习近平指出，思想政治工作从根本上说是做人的工作，必须围绕学生、关照学生、服务学生，不断提高学生的思想水平、政治觉悟、道德品质、文化素养，让学生成为德才兼备、全面发展的人才。

（一）高校思想政治教育的目标

在全面实施素质教育的过程中，思想政治教育是核心和摆在首位的教育。党的十九大以来，高校思想政治教育成为一个极为重要的开展素质教育途径，要求大学生勇于探索，开拓创新，承担起"明大德""守公德""严私德""三德"教育目标的重任。要针对"三德"的理论和实践系统地进行课程学习与教学，加强研究和实践引导。

1. "三德"的内涵

国无德不兴，人无德不立，"明大德"是对社会主义核心价值观的明确理解与科学认识。社会主义核心价值观融国家、社会、公民的价值要求为一体，回答了我们要建设什么样的国家、建设什么样的社会、培育什么样的公民等重大问题，因此是国家的思想内涵，是国家的政治形象，是国家的价值体系，是国家凝聚民族精神和人民力量的"神器"，是国家内在定力的根本证实。"守公德"的内涵是强化全心全意为人民服务的意识，恪守党纪国法，自觉践行社会主义核心价值观。"严私德"的内涵是严格约束自己的操守和行为，从现在做起、从自己做起，把社会主义核心价值观转变为自己的基本遵循，并身体力行将其推广到全社会去，做好小事、管好小节，见善则迁，有过则改，踏踏实实修好自己的大德，学会劳动、学会勤俭，学会感恩、学会助人，学会谦让、学会宽容，学会自省、学会自律。

2. 根本的目标

高校思想政治教育要以培养"有理想、有本领、有担当"的人才为根本目标，要坚定大学生的理想信念，从提高"四个正确认识"入手，围绕学生、关照学生、服务学生，不断提高学生的思想水平、政治觉悟、道德品质、文化素养，让学生成为德才兼备、全面发展的人才。"四个正确认识"为：一要正确认识世界和中国发展大势，从我们党探索中国特色社会主义历史发展和伟大实践中，认识和把

握人类社会发展的历史必然性，认识和把握中国特色社会主义的历史必然性，不断树立为共产主义远大理想和中国特色社会主义共同理想而奋斗的信念和信心；二要正确认识中国特色和国际比较，全面客观地认识当代中国，正确看待当代中国和外部世界的关系；三要正确认识时代责任和历史使命，用中国梦激扬青春梦，为学生点亮理想的灯、照亮前行的路，激励学生自觉把个人的理想追求融入国家和民族的事业中，勇做走在时代前列的奋进者、开拓者；四要正确认识远大抱负，珍惜韶华、不负青春，把远大抱负脚踏实地地落实到实际行动中，让勤奋学习成为青春飞扬的动力，让增长本领成为青春搏击的能量。

（二）高校思想政治教育的内容

高校思想政治教育内容是根据高校思想政治教育的根本目标、任务和大学生的成长规律、思想发展特点及高等教育的发展规律而确定的。在传统的内容"马克思主义基本原理概论""毛泽东思想和中国特色社会主义理论体系概论""中国近现代史纲要""思想道德修养和法律基础""形式与政策以及当代世界经济和政治"等基础上，新时代强调立德树人的"内化于心，外化于行"的内容，重视继承中华优秀传统文化，以开放的胸怀接纳人类文明的优秀成果，创造出具有中国特色、中国气派的思想政治教育理论，用中国话语讲中国故事，创中国思想，育中国人才，引导大学生把握人类社会发展的历史必然性，引导大学生不断树立为共产主义远大理想和中国特色社会主义共同理想而奋斗的信念和信心。高校开展思想政治教育，要从根本上培养大学生的社会责任感：一是思想政治社会化，就是使大学生了解并认同社会主流的意识形态，形成正确的世界观、人生观、价值观，培养思想政治素质；二是确立大学生的主体意识，使其在社会主义建设中自觉肩负起建设者和接班人的使命。有思想政治教育工作者把高校思想政治教育归为四个方面的内容：理想信念教育、爱国主义教育、基本道德规范教育、全面发展教育。

1.理想信念教育

理想信念教育是高校思想政治教育的核心内容，主要在于积极引导大学生不断追求更高的目标，使他们树立共产主义远大理想，坚定马克思主义信念，树立正确的世界观、人生观和价值观。具体而言，理想信念教育就是要坚持不懈地用马克思列宁主义、毛泽东思想、邓小平理论、"三个代表"重要思想、科学发展观、习近平新时代中国特色社会主义思想武装大学生，深入开展党的基本理论、基本路线、基本纲领和基本经验教育，开展中国革命、建设和改革开放的历史教育，开展基本国情和形势政策教育，开展科学发展观教育，使大学生正确认识社会发展规律，认识国家的前途命运，认识自己的社会责任，坚定在中国共产党领导下走中国特色社会主义道路、实现中华民族伟大复兴的共同理想和信念。

2. 爱国主义教育

爱国主义教育是高校思想政治教育的重点内容，主要在于对大学生进行弘扬和培育民族精神的教育，如中华民族优良传统教育、中国革命传统教育、各民族平等团结教育、民族精神教育与时代精神教育等，引导大学生在中国特色社会主义事业的伟大实践中，在时代和社会的发展进步中汲取营养，培养爱国情怀、改革精神和创新能力，始终保持艰苦奋斗的作风和昂扬向上的精神状态。

3. 基本道德规范教育

基本道德规范教育是高校思想政治教育的基础内容，主要在于引导大学生自觉遵守爱国守法、明礼诚信、团结友善、勤俭自强、敬业奉献的基本道德规范，具体如《公民道德建设实施纲要》教育、大学生行为准则学习等，引导大学生从身边的事情做起，从具体的事情做起，着力培养良好的道德品质和文明行为。

4. 全面发展教育

全面发展教育是高校思想政治教育的本质内容，主要在于引导大学生勤于学习、善于创造、甘于奉献，成为有理想、有道德、有文化、有纪律的社会主义新人，包括民主法治教育、人文素质教育和科学精神教育等。

三、对校园网络思想政治教育的认识

校园网络是为学校师生提供教学、科研和综合信息服务的宽带多媒体网络。作为互联网对学校教育改变的代表，校园网现已成为重要的思想政治教育平台与资源，校园网把教师与学生、学生与社会紧密地联系在一起。基于学习、生活、娱乐、游戏、创业等主题的社交网站，整合了博客、空间、社区论坛、校友录、群组、话题、相册、音乐、网络游戏、网络教学、主流媒体、威客模式等现代网络的功能，校园网络让思想政治教育成为一种时效性与实践活动性强的教育体系。

（一）校园网络教育体系

网络教育是一种基于互联网的远程教育，是指使用电视、手机等传播工具的教学模式。它突破了时空的限制，有别于传统的课堂教学模式，学生可以通过多种不同的渠道互助学习、互相交流与研讨。校园网络教育体系是一种开放的、多元的、互动的、时效性强的教育体系，更是一种资源丰富、课程内容不断充实的教育体系，现已成为高校思想政治教育不可替代的平台。

（二）校园网络思想政治教育

随着互联网技术的不断变革，网络成为现代人生活中的重要组成部分。学生作为一个对新事物接受能力强的群体，网络对他们的学习、生活等方面面都产生了深入且广泛的影响。一方面，网络不但通过文字形式进行信息传递，还通过声音、图像、视频等多种形式向学生传递信息。学生可以通过网络转变以往教师讲授、图书馆查阅资料等传统的信息获取方式，主动并独立地获取自己所需的信息，使其获取知识的积极性得到极大提高。另一方面，网络打破了时间和空间的限制，学生通过一台连接网络的电脑或手机便可了解国内外的时事、前沿的科研成果等信息，极大地扩大了学生的知识面并开阔了眼界。从另一角度来说，网络也为学生带来很多不利影响，如网络的开放性和信息获取的便利性使学生有可能会在网络中获取一些带有色情暴力、封建迷信思想、反动言论等不良内容的信息；网络的隐蔽性致使互联网上欺诈、诽谤等案件层出不穷；网络文化的多元性导致部分学生道德意识弱化；等等。

因此，互联网作为学校思想政治教育的新渠道、新方式和新内容，是时代的要求。校园网络思想政治教育需要乘上互联网的快车，与时俱进地更新教育渠道、变革教育方式和充实教育内容。

1.校园网络思想政治教育的意义

进行校园网络思想政治教育是结合网络特点及学生身心发展特点而进行的思想政治教育，是以网络媒体为平台对学生进行影响的教育，是对传统思想政治教育工作的拓展和延伸。其意义体现在两方面：一是有利开拓学校思想政治教育的新渠道。随着互联网功能应用的不断完备，特别是智能手机的进一步普及，学校思想政治教育工作需要因事而化、因时而进、因势而新，探索新办法，不断提高工作能力和水平。二是学生是网络使用人群中比例最大的群体，当代大学生上网比例超过95%，而其中80%以上的大学生只把网络用于社交、游戏、影音播放等，少有大学生把网络用于资料搜集、信息检索、课程学习、宣传教育等。因此，把高校的思想政治教育工作通过网络覆盖到大学生之中，引导学生主动学会甄别当代思想政治教育正能量的信息，为学生创造绿色的网络信息环境，具有重要的思想政治教育意义。

2. 校园网络思想政治教育的途径

进行校园网络思想政治教育，需要了解其发展趋势，要求信息传播渠道多样化，加大网络监管力度，进一步突出学生的主体地位，等等。首先，改变原有的教学体系，变传统的讲授模式为学生自主学习与教师引导相结合的互动交流方式，充分发挥校园网的交互功能。其次，要建设多媒体教学软件开发平台、多媒体演示教室、教师备课系统、电子阅览室以及教学和考试的资料库等，要针对学生的思想政治教育需要，建立以校园学习、生活、娱乐、游戏、创业为主题的社交网站，整合基于博客、社区论坛、校友录、群组、话题、相册、音乐、网络游戏、网络教学、主流媒体、威客模式等众多 Web2.0 应用于一体的开放 Web 操作系统，让其成为校园思想政治教育的校园互动网络平台。最后，校园网络思想政治教育的网络建设，要从为校园提供全方位的网络信息化服务上入手，加大容量，提高数据传输速度，使其成为操作方便，更新及时，具有先进性和开放性、可靠性和可用性、灵活性和兼容性、实用性和经济性、安全性和保密性、扩展性和灵活性等特点的综合性网络。

第二章　以人的全面发展理论为指导
加强高校思想政治教育创新

马克思主义人的全面发展理论具有丰富而深刻的内涵，对高校思想政治教育具有深远的意义。实现大学生的全面发展是高校思想政治教育的目的和归宿，高校思想政治教育是推进大学生全面发展的重要途径。高校思想政治教育需要以马克思主义人的全面发展理论为指导，正确审视传统的高校思想政治教育的理念和实践，不断改革和创新高校思想政治教育，促进大学生全面发展。

第一节　新时代大学生的思想政治基本状况

新时代的大学生有鲜明的时代的特点，了解大学生的特点，是做好大学生思想政治工作的前提。

一、新时代大学生基本生理特点

（一）身体迅速发育

人的生长发育是一个不停顿的波浪式的和阶段性的发展过程。18 ～ 22 岁这个年龄阶段，经历了身体的两次发育高峰，还处在青春发育后期到基本发育成熟期之间，身体形态还在发展，只是速度相对慢一些。

（二）发达的大脑和神经系统

青年时期，智能高度发展，大脑的神经元数量显著增加，神经系基本发育完善。青年时期逻辑思维能力很强，能够灵活运用概念，进行推理和判断。

大学生可以利用复杂的脑力劳动，独立进行思考和学习。他们的观察力、想象力、记忆力都很强，对社会现象有自己的思考和见解。他们的求知欲强，喜欢接受新事物。

（三）性机能日渐成熟

大学生处于性的成熟期。性激素作用于整个身体的发育，使骨骼和肌肉越发坚实有力，体格更加丰满匀称。针对大学生成熟的特性，要格外关注这一时期。

二、新时代大学生基本心理特点

青年期是少年向成人过渡的时期，具备一系列的心理特征。

（一）具有丰富强烈的情感

情感是对人或事物的感觉。情感是对客观事物刺激的反映。

1. 理智感、道德感和美感显著发展

理智感是智力活动中所产生的体验。求知欲和好奇心都是理智感，在学习中好奇心越强，理智感越强。道德感是根据社会道德评价别人和自己言行的情感体验，爱国主义和责任感、反感、疏远、尊敬、轻视都属于道德感。

美感是人的审美体验，美感的发展与文化修养有关。大学生欣赏美，喜欢音乐、艺术、美景，对内在美和外在美都很热爱。

2. 友谊感在大学生的情感中十分突出

青年时期是人生的一个分界点。起初个人对家庭的依赖很大，友谊感并不强烈。随着思想的成熟，青年人需要友谊，渴望互相交流和帮助。

3. 大学生的情感具有外露性

青年人会很直接地表达自己的感情，有为理性和真理奋斗的激情，热衷热闹的激动场面。有时候大学生会情绪激动，难以控制，容易出现错误。

（二）认识能力得到迅速发展

1. 观察力的发展

观察是持续的、目的明确的直觉活动，观察力是透过现象发现本质的能力。大学生的观察力发展得很快，观察力中的精确性和深刻性得到很大的提高。

2. 记忆力的发展

记忆力是大脑对所发生事情的存储的能力。青年时期是记忆力发展最快的时期。大学生掌握了多种记忆的手段，如机械记忆、意义记忆等，他们的记忆能力很强，可以将大量的信息储存在他们的大脑中。

3. 想象力的发展

想象力是在原本知识的基础上创造新形象的能力。观察力和记忆力是想象力的基础。大学生有丰富的想象力，对未来充满希望。

4. 思维能力的发展

大学生的思维更为缜密，而且假设的能力也在提高，开始从形式逻辑思维向辩证逻辑思维发展。

（三）自我意识得到发展

自我意识为自身对周边人和事关系的认识。

1. 自尊心、自信心和好胜心明显增强

随着知识的增加，大学生的力量不断地增强，希望受到别人的尊重，希望别人可以重视自己。大学生逐渐对自己的知识和能力充满信心，喜欢肯定自己。这一时期，大学生喜欢展现自己的才华。教师应该积极地引导，使他们有一个积极健康的心态。如果没有正确的引导，会使他们有很强的虚荣心，变得孤立自傲。在进行思想政治教育的过程中，最重要的是保证学生的自尊心和积极性。

2. 独立意向迅速发展

大学生的智力和体力不断发展，变得更加独立。他们在小学和中学阶段在思想上和精神上对家庭有很大的依赖，但是到了大学阶段，他们会产生批判的心理，越来越表现出独立的倾向。对此，教师要有正确的指导。

3. 自我评价和自我教育能力成熟

大学生有很强的自我意识。他们不仅重视别人的评价，也重视自己的评价。在对大学生进行思想政治教育的过程中，要重视学生的自我教育。

（四）社会心理逐渐成熟

随着大学生各个方面的成长和发育，与社会的交往面的拓宽，大学生也越来越意识到人际关系的重要性。

1. 与家庭关系的变化

进入大学后，大学生在与家庭的关系上也慢慢地有了质的变化。他们崇尚独立，对父母的思想敢于说"不"。随着自己掌握知识的增多，他们自主支配自己行为的能力越来越强，喜欢自由地选择朋友。

2. 与同龄人关系的变化

大学生希望像小时候那样有集体的归属感，所以步入大学，参与很多社团。大学生希望可以加入更多的团体，承担更多的社会责任，希望在这个团体中发挥更大的价值。

3. 与教师关系的变化

大学生不再把分数看作唯一的标准，他们把教师看作朋友，与教师关系密切。

（五）形成自己的个性

个性中体现了很多人的心理特征，大学生有自己的理想和追求，进取心很强。大学生的个性处于形成时期，善于模仿，处于可塑性和模仿性不稳定的阶段。教师要对大学生进行正确的引导，以形成良好的个性。

（六）性意识开始成熟

大学生处于人生的青年期，性发育已经成熟，对异性有很大的吸引力。他们在意自己在异性心目中的地位，希望可以谈恋爱。

三、大学生的思想特点

（一）思想发展主流良好，思想活跃

新时代的大学生生活态度健康向上，思想很活跃，主要表现在以下方面。

1. 性格爱憎分明，有强烈的爱国情怀

新时代的大学生出生在和平年代，他们爱憎分明，具有强烈的爱国情怀。在抗洪抢险和抗震救灾中，大学生组成志愿者队伍，努力去帮助那些需要帮助的人。在北京奥运会、残奥会上都可以看到大学生志愿者的身影。

2. 思想独立，容易接受新鲜事物

新时代的大学生经历了时代的变革，有思想、有个性，既喜欢传统的事物，又喜欢时尚，容易接受新鲜事物。

3. 人生态度健康，有崇高的社会理想

新时代的大学生积极向上，有理想，开始规划自己今后的人生道路。他们维护国家利益和民族的尊严，孝敬父母，用行动表达对父母的爱；关心国家和国际上发生的事情，有积极的反应。当别人发生了困难，他们愿意尽自己的所能帮助别人。新时代青年人的思想状况是健康的。

4.思想活跃，喜欢创新

随着经济全球化进程的加快，整个世界和村庄一样，紧密地结合在一起。大学生乐于接受新事物、新看法和新风尚，运用新的手段获取信息，对待一些问题他们有自己的行为方式和处理方法。

（二）思想上也有些消极因素

大学生的思想主流是好的，但也有些消极因素存在，主要表现在以下方面。

1.价值取向多元化，价值观有些错位

经济全球化带来了经济、政治和文化的交往，价值观念开始多元化，这是新时代大学生所处的时代特点。

当前，由经济体制改革带来了国内外环境的变化，国内外环境的变化带动了高校的改革发展，高校的革新影响了大学生的生活方式、思维方式及价值观。一些大学生总体人生价值比较积极，但是价值目标过低；还有的大学生过于看重自身价值的实现，功利性太强，这不利于大学生的健康成长。

2.政治意识淡薄

在经济全球化的背景下，西方不断对我国进行意识形态渗透，由于部分大学生辨别能力较差，更加容易丧失政治警惕性，在一定程度上导致政治意识淡薄。

3.社会责任感弱化

社会责任感是一种对社会责任表现出来的自我意识，是理想和价值的统一，是整个国家发展的强大的动力。在当今社会的"花花世界"中，部分大学生只是享受上大学的乐趣和自由，应付学业，沉浸在无意义的玩乐中，对家庭和社会缺乏责任。

第二节　人的全面发展理论与高校思想政治教育的辩证关系

马克思主义人的全面发展理论是马克思主义学说的重要组成部分。人的全面发展是社会发展的终极目标，也是高校思想政治教育的价值取向与根本目的。高校思想政治教育既是人的全面发展的内在要求，也是促进人的全面发展的有效手段。

一、人的全面发展是高校思想政治教育的理论指导和出发点

（一）人的全面发展理论是思想政治教育学的理论依据

任何一门学科都需要有科学的理论依据，思想政治教育学也是如此。马克思主义理论尤其是马克思主义关于人的全面发展的学说，是确定思想政治教育目标、方针及任务的重要理论根据。中国目前处于社会转型期，社会的急剧变化激起人们在思想观念、价值体系以及心理情感方面更深层次的矛盾与冲突，成为思想政治教育亟待解决的时代课题。现代社会的发展与变革以满足人的需要和实现人的发展为终极目标，因此，马克思主义人的全面发展理论成为思想政治教育解决这一时代课题的重要理论依据。

（二）人的全面发展理论是高校思想政治教育的出发点和归宿

马克思主义追求的最高目标与理想是实现人的全面发展。马克思主义认为，社会发展的主要动力源于人本身，历史的进步是社会的发展与人的发展二者统一的结果，社会发展的终极目标是实现人的自由而全面的发展。马克思认为，人的自由而全面的发展是与生产力的发展成正比的，只有在物质财富极大丰富、人们的精神境界极大提高的共产主义社会，才能完全实现每个人的自由而全面的发展，但这是一个逐步提高、不断发展的过程。人的发展存在于社会发展的每一个阶段，人的自由而全面的发展是社会发展与进步的最终结果与重要尺度。社会主义的根本任务是解放和发展生产力，而解放和发展生产力的落脚点就是实现人的全面发展。因此，高校思想政治教育的根本任务是通过满足人的需求、提高人的素质、活跃人的思想、振奋人的精神、增强人的凝聚力来充分调动与发挥人的积极性、主动性和创造性，最终推动人的全面进步。虽然在不同的历史时期和不同的具体环境下思想政治教育有不同的具体目标和任务，但追求与促进人的全面发展，是思想政治教育永恒不变的出发点和归宿。特别是在当代经济全球化趋势日益加深和社会主义市场经济蓬勃发展的背景之下，高校思想政治教育更应该以人的全面发展理论为指导，以自身的具体情况为依据，为实现人的全面发展这一终极目标提供精神动力与智力支持。

社会主义是全面发展、全面进步的社会，社会主义必须促进人的自由而全面的发展。我国改革开放四十多年取得的物质财富，为"人的自由而全面的发展"奠定了坚实的物质基础。全面发展的社会要求全面发展的人，并为人的全面发展创造必要的条件。因此，高校思想政治教育应该以实现人的全面发展为最终目的和归宿。

二、高校思想政治教育是实现人的全面发展的重要途径

实现人的全面发展必须具备一定的历史条件，那就是消灭私有制，使生产资料归社会所有，同时，使生产力发展能为每一个人提供全面发展和表现自己全部能力的机会。实现人的全面发展还有另外一个条件，就是全面发展的教育。这种全面发展的教育不仅包括德育、智育、体育，同时还包括美育、处理人际关系的正确观念和能力等。在实现人的全面发展的教育中，马克思主义历来都很重视思想政治教育。

恩格斯指出，实施人的全面发展的教育，以便"使年轻人能够很快熟悉整个生产系统""使他们能够根据社会的需要或者他们自己的爱好，轮流从一个生产部门转到另外一个生产部门""使他们摆脱现在这种分工给每个人造成的片面性"。而"生产劳动和教育的早期结合是改造现代社会的最强有力的手段之一"，生产劳动同智育与体育相结合，既是提高社会生产的一种方法，也是促进人的全面发展的唯一方法。由此可知，马克思主义经典作家历来重视思想政治教育对人的全面发展的影响与作用。高等教育作为国民教育中的"高端"教育，富于感染力与渗透性，深刻影响着人的全面发展的各个方面。高校思想政治教育是一种特殊的教育实践活动，它以转变人的思想、提高人的主体性为目标，通过满足人的需求、提高人的素质、活跃人的思想、振奋人的精神、增强人的凝聚力，最终推动人的全面进步。

（一）高校思想政治教育在大学生对于社会主义的发展方向的适应中起到决定性作用

高校在德育、智育、体育等方面都存在着教育方向的问题，即从政治、思想、品德的角度出发研究教育的导向问题。马克思主义人的全面发展理论认为，在人的全面发展中，思想品德是灵魂，是人的一切言行的指导。思想政治教育解决的是人的全面发展的思想政治教育方向的问题，高校用何种世界观和道德观教育青年大学生，让他们朝着哪种思想政治方向发展，是区分社会主义高校与资本主义高校的一项重要标准。当前，在经济全球化和我国经济体制改革日益深化的背景下，我国高校大学生的主流思想政治状况是积极乐观、健康向上的：当今大学生关注国家时事热点，政治视野开阔，政治思想比较健康，政治评价较为积极，基本能对政治问题进行客观、理性的分析，政治鉴别力较强；对精神文明建设的重要性的认识比较客观，对人生的基本道德要求与道德价值取向的认识和理解日趋稳定与成熟。然而，西方各种敌对势力从未停止其在意识形态领域的渗透活动，

并且，他们西化和分化的重点就是高校大学生。尤其是随着目前网络信息技术的高速发展，西方资产阶级思想文化对高校的渗透不断加剧，他们企图通过潜移默化的方式，传播和散布西方的价值取向与政治观点。与此同时，由于我国尚处于社会主义初级阶段，在不够完善的社会主义市场经济体制下存在的一些社会问题，很容易对大学生的思想政治状况产生消极影响。一是部分大学生易受到拜金主义、享乐主义与极端个人主义的影响，存在理想信念模糊、政治信仰迷茫、缺乏社会责任感等问题。二是大学生愈加重视个性化的发展，在一定程度上忽视了集体主义、艰苦奋斗等传统精神；心理素质较低，自主能力与自控能力较差，容易产生心理障碍以及厌学、厌世现象，个别大学生甚至会走向极端；贫困大学生思想负担较重，容易产生自卑与不满情绪。三是互联网上充斥的各种信息良莠不齐，某些不良思想会对大学生造成消极影响，甚至威胁到学校的安定和谐；少数大学生沉迷于网络而不能自拔，致使精神颓废甚至荒废学业。四是一些大学生在面对严峻的就业形势和沉重的就业压力时，会感到前途渺茫，甚至自暴自弃。以上这些现象会对大学生的身心造成极大的负面影响与危害，严重阻碍了当代大学生的自由全面发展。因此，高校思想政治教育要从内容和形式方面加强对大学生思想的教育和引导。从内容上看，高校思想政治教育最根本的任务是帮助大学生树立正确的世界观、人生观和价值观，因此要重视对大学生思想品德方面的教育，促进其形成正确的思想观念、价值取向以及道德标准；从形式上看，思想政治教育是做人的思想工作，要教育大学生掌握科学的立场、观点与方法，不断提高大学生认识世界与改造世界的能力。我国是社会主义国家，高等教育必须把德育（思想政治教育）放在首位，只有高度重视对大学生思想品德的培养，才能坚持社会主义的办学方向，同时有力地推动大学生的自由全面发展，使其能够更好地适应社会主义的发展方向。

（二）高校思想政治教育在大学生获得知识和培养能力的过程中起到重要作用

首先，高校思想政治教育是为大学生提供科学文化知识，以帮助其更好地认识世界的特殊教育方法。高校的德育、智育都是极其重要、不可偏废的。高校进行智育的目的在于培养大学生的智慧与技能，以使其将来能够更好地承担社会角色和任务。智慧和技能属于智力因素，而思想品德属于非智力因素。人的智慧和技能不是独立形成的，其与人的思想品德发展紧密联系。现代心理学研究表明，人的智力因素的发展水平和发挥程度依赖于而且越来越取决于人的非智力因素的发展水平。可见，大学生的学习水平越来越取决于他的思想品德与心理素质。因此，高校实施思想政治教育，要重视提高大学生的思想道德水平与心理素质等，从而促进大学生的全面发展。

其次，高校思想政治教育是引导大学生追求知识的力量源泉。教育心理学告诉我们，人在学习文化、掌握知识的过程中会受到许多主观因素的影响，其中决定青年大学生是否学有所成的是学习的积极性，而学习的积极性又取决于大学生的学习动机。在促进大学生学习的全部动机中，人的思想因素是最深刻、稳定和永久的。因此，只有通过实施思想政治教育，才能把社会主义现代化建设的要求转化为青年大学生的要求，进而形成大学生学习与实践的动力，从而促进大学生德、智、体、美、劳的全面发展。

总之，高校思想政治教育作为全面发展教育的重要组成部分，在大学生获得知识和培养能力的过程中起到重要作用，是促进大学生全面发展的重要条件与有效途径。

三、人的全面发展和高校思想政治教育相互支持、相互促进、共同发展

推进人的全面发展，同推进经济、文化的发展和改善人民物质文化生活，是互为前提和基础的。人越全面发展，社会的物质文化财富就会创造得越多，人民的生活就越能得到改善，而物质文化条件越充分，又越能推进人的全面发展。这不仅科学地揭示了人的全面发展和物质文化发展的关系，也科学地揭示并高度概括了思想政治教育与人的全面发展之间的辩证关系。

（一）高校思想政治教育为人的全面发展提供精神支持

思想道德素质的提高是大学生全面发展的基础和前提，尽管提高大学生的思想道德素质的方法与途径是多种多样的，然而，高校思想政治教育的作用是不可替代的。

1. 高校思想政治教育升华大学生的理想

高校思想政治教育通过对大学生进行科学的社会主义理想教育，引导大学生树立正确的世界观、人生观和价值观，教育和鼓励大学生根据社会需要进行个人选择，把个人的兴趣爱好与专业特长等主观因素与国家和社会的需求相结合，将个人的自我价值与社会价值的实现和社会发展的目标相统一，始终坚定共产主义理想，对社会主义道路充满信心；帮助大学生净化心灵、陶冶情操，培养健全的人格，塑造良好的风貌；提高大学生的思想道德素质，鼓励大学生培养社会责任

感、团队协作意识以及奉献精神，激发大学生的爱国主义与集体主义精神，继承和弘扬中华优秀传统文化，推动大学生全面提高个人素质，形成完善的人格，实现自身的全面发展。

2. 高校思想政治教育开发大学生的潜能

高校思想政治教育使大学生形成科学的思维方式，避免形而上学，最大限度地挖掘大学生的潜力，调动其积极主动性，提高大学生认识世界与改造世界的能力，促进大学生实现自身的全面发展。

3. 高校思想政治教育塑造大学生的人格

提高人的素质，塑造健全人格，不仅是实现人的全面发展的必然要求，也是国家和民族努力奋斗以实现兴旺发达的必然要求。高校思想政治教育作为一种有计划、有目的、有组织的教育活动，在人的全面发展中起到塑造人格的作用，是塑造大学生的健全人格的必要条件与决定力量。其通过培养大学生良好的思想品质，规范其社会行为，使大学生形成良好的心理品质和崇高的精神境界，并沿着正确的方向不断发展，对造就全面发展的优秀人才起着至关重要的作用。

4. 高校思想政治教育激励大学生奋斗

高校思想政治教育从大学生的思想认识入手，把握大学生的思想脉搏，提高大学生的思想觉悟，充分调动其积极性、主动性与创造性，引导大学生将自己所学的专业知识同远大的理想目标联系在一起，以崇高的思想指引和鼓舞大学生不断在人生的道路上探索、追求，凭借巨大的精神动力，去克服主观与客观的困难和阻碍，最大限度地挖掘自身的内在潜力。高校思想政治教育通过理想信念教育，引导大学生将思想、行为上的进步升华为学习、工作效率的提高，使大学生树立共产主义的远大理想与坚定信念，进而实现自身的全面发展。

5. 高校思想政治教育规范大学生的行为

高校思想政治教育通过对符合思想政治教育方向、目标的思想、行为的正确性和偏离思想政治教育方向、目标的思想、行为的不合理性进行界定，来规范大学生的思想与行为。在思想政治方面，帮助大学生树立正确的政治观念，在思想信念中达成政治共识与思想一致；在行为规范方面，通过明确行为规范，对大学生的行为进行正确引导，防止其出现异常和越轨的行为；在人际关系方面，培养大学生良好的心理素质，加强彼此之间的沟通与交流，从而形成和谐的人际关系。与此同时，高校思想政治教育通过增强大学生的社会责任感，提高其政治素养；通过树立道德理性和公德观念，培养大学生的自律精神，提高其道德素质；通过提高大学生的品格修养，增强大学生的理想信念，培养大学生的科学民主精神和奉献精神。高校通过对大学生进行思想道德、精神品格方面的引导与教育，加强对大学生行为的规范教育。由此可知，高校思想政治教育规范大学生的行为，为大学生整体素质的提高奠定了坚实的基础，有效地促进了大学生的全面发展。

（二）大学生的自由全面发展为高校思想政治教育提出了新课题

实现共产主义是一个漫长的过程，实现大学生的自由全面发展也同样是一个漫长的过程，其中每一个人、每一代人的发展，都是这一漫长过程的重要环节。因此，只有重视日常学习与生活中的点滴教育，循序渐进，才能最终实现大学生的全面发展。这个过程也是一个实践的过程，实践过程中主客观条件的变化会引起新情况和新问题的出现。因此，要增强高校思想政治教育的针对性与实效性，就必须重视对这些新情况和新问题的研究和解决，只有使高校思想政治教育的内容、形式和方法紧密联系实际，并且根据客观情况的变化及时进行改进与完善，才能真正提高思想政治教育的针对性与实效性，更好地促进当代大学生的自由全面发展。

马克思主义人的全面发展理论是马克思主义理论学说的重要组成部分。实现人的全面发展不仅是社会发展的根本目标，也是高校思想政治教育的目的与归宿。高校是培养全面发展的高素质人才的摇篮，高校思想政治教育不仅在大学生对于社会主义发展方向的适应中起着决定性作用，也在大学生获得知识和培养能力的过程中起到重要作用，是实现人的全面发展的重要途径。大学生的自由全面发展为高校思想政治教育提出了新课题，因此，高校思想政治教育必须以马克思主义人的全面发展理论为指导并将其贯穿于教育的始终，以转变人的思想、提高人的主体性为目标，通过满足人的需求、提高人的素质、活跃人的思想、振奋人的精神、增强人的凝聚力来充分调动与发挥人的积极性、主动性和创造性，最终推动人的全面进步。

第三节 人的全面发展理论视角下传统高校思想政治教育存在的问题

高校是培养全面发展的社会主义建设者和接班人的基地，是构建社会主义和谐社会的重要阵地，思想政治教育为中国特色社会主义培养全面发展的人。但是，传统的高校思想政治教育存在着与人的全面发展的要求不适合、不协调的问题，其主要表现在以下方面。

一、高校思想政治教育还存在"以知为本"的理念

理念是行为的先导，高校思想政治教育的理念对大学生的全面发展起着导向作用。我国高校思想政治教育长期以来是在工具价值观指导下的教育，在思想政治教育过程中把思想和知识等同，认为人只要有了某些知识就会自然而然地形成思想；思想政治教育不是"以人为本"，而是"以知为本"。殊不知，思想和知识有着根本区别。关于思想和知识的差异，许多学者论述过，概括起来，二者的根本差异在于知识是外在于人的，属于认知层面的东西；而思想却是内属于己的，属于精神层面的东西。思想是人脑对主体自身的社会存在的反映。如果一个人的某种意识所反映的客观内容不包含自己，不是他自己与周围环境的关系，而是纯属外在的东西，那么这种意识就不是他的思想，而只是文化知识。"以知为本"理念指导下的传统的高校思想政治教育漠视人的主体性，看重的是知识的传授和思想文化体系的建设；在教育方式上着重于强制性的灌输、训诫、评价和奖惩，体现为一种机械的思想管理，从而有意无意地遏制了大学生的主观能动性，在一定程度上抑制了大学生的思想发展，不利于大学生正确的世界观、人生观、价值观的形成。近年来，虽然"以学生为本""学生是教育主体"的提法多了起来，但并没有真正抓住"以人为本"的内核，说的是"以学生为本"，而实际做的仍然是"以知为本"。

二、高校思想政治教育的内容还不够完善

目前，高校思想政治教育已经形成了一套完整的体系，这为思想政治工作的开展提供了重要的依据和指导，对帮助学生形成正确的世界观、人生观和价值观是很有必要的。但不容回避的是，高校思想政治教育由于各方面的原因，在教育内容上仍不同程度地存在着重理论而轻实践、重说教而轻体验的现象，脱离社会实际和学生的需要。高校思想政治教育还停留在讲原理、讲法则上，重于告诫学生"必须怎样做"、"只能怎样做"和"否则会怎样"，给学生灌输的是一种如何学会自律的思想，而很少教育他们"可以怎样做"和"可以做什么"，这就使思想政治教育变成一种条条框框的"守则式"教育。思想政治教育中还存在着一些空洞的、过时的大话或套话，缺少与现实社会密切相连的具体的、实在的内容，以及在现实生活中具体可行的标准和参照体系。大学生在关心国家、社会的同时，也更加关心自身的成长和发展，他们思想上的困惑、学习中的苦恼、情感中的迷茫、人际交往中的烦恼、心理上的空虚等，都需要通过思想政治教育予以关怀、疏导和帮助。高校思想政治教育恰恰缺少这方面的有针对性的教育内容，因而难以引起学生的共鸣，也难以取得良好的教育效果。

三、高校思想政治教育在方法实施上存在一味灌输的现象

高校思想政治教育的方法过于简单。受传统教育思想的影响，思想政治教育被单纯看作"传道"，采取灌输式的教育方法，而忽视了教育对象个体的内心认同。同时，在教育方法的选择和应用上，由于不能考虑受教育者的兴趣、爱好、思想水平和接受能力，结果导致思想政治教育工作功能的薄弱。我们要强调人的全面发展，就必须让人这个世界的主体成为真正的全面的主体，成为理性、自主、自为、自由的主体，我们的思想政治教育就是要让人这个主体不断得到发展和完善。遗憾的是，在我们的思想政治教育中，往往忽视了主体的目的性和能动性，没有很好地把"人"作为思想政治教育的目的和主体，而简单地把他们视作客体，只是思想政治教育的接受者、受动者。在高校思想政治教育过程中，大学生的主体性往往缺位，被置于被动的客体位置。其典型表现为教师仅将思想政治教育作为一种"课程形态"进行灌输，在一定程度上忽视大学生的内心感受。虽然按课程要求和计划开展了思想政治教育，却因方法的不得当并未取得理想的效果。

四、高校思想政治教育环境缺少协调统一性

高校思想政治教育是一项系统工程，思想政治教育环境不但是思想政治教育过程中的要素之一，而且是整个系统的子系统，需要协调内部各个要素之间的关系。大学生的发展不仅受到个人努力和学校教育的影响，还会受到家庭教育和社会教育的影响。然而在现实中，很多时候会出现家庭教育、学校教育与社会教育三者不协调的状况。调查表明，多数家长重视对学生学习方面的督促，而忽视他们的人格发展；社会对大学生群体思想政治教育的关怀也极为有限，家庭和社会中的德育资源尚未得到有效的开发和利用。在一定程度上，由于家庭、学校、社会三方缺乏整合，大学生在学校所受的教育甚至受家庭、社会环境的影响而有所消减，这对促进大学生的能力、个性、素质等诸方面的发展都是不利的。

因此，只有做到家庭教育、学校教育和社会教育相互结合，形成立体的思想政治教育体系，实现家庭教育、学校教育与社会教育的良性互动，才能为大学生全面发展营造和谐的氛围。

五、高校思想政治教育队伍与人的全面发展不相协调

高校思想政治教育队伍是目前我国各大高校坚持社会主义办学方向,培养德、智、体、美、劳全面发展的大学生的一支重要力量，是高校教师和管理队伍的重要组成部分。目前高校思想政治教育队伍中还存在着需要不断完善、不断创新的

方面。首先，高校思想政治教育队伍呈现年龄偏大、知识陈旧的特点，已不大能适应当代大学生的个性特征和心理特点，从而不能针对大学生全面发展的需求做出科学的决策。针对这一现状，只有采取措施，全面提高队伍的管理育人水平，才能针对当代大学生的特点，为大学生的全面发展和学校的稳定发展提供保障。其次，思想政治理论课教师是大学生思想政治教育工作的主要承担者，在大学生的全面发展中起着至关重要的作用。近年来，高校思想政治理论课教师队伍迅速扩大，人员素质也有一定程度的提高，但在教师队伍建设方面还存在着一些突出的问题。大部分思想政治理论课教师能够忠于共产主义信仰，并用正确的世界观、人生观、价值观对学生的思想加以引导，起到以身示范的作用。但是，也有很少一部分思想政治理论课教师素质较低，难以引导大学生树立正确的价值观，难以促进大学生的全面发展。所以，应该尽快针对这部分教师采取有效的措施，以保证思想政治课的实效性。

第四节　人的全面发展理论指导下高校思想政治教育创新的原则和途径

对于传统的高校思想政治教育在理念和实践等方面所存在的问题，思想政治教育工作者应该积极思考，并做出回应。而进入 21 世纪以来，社会发展的主导因素由客体转向主体，即人本身，在全面建设小康社会的进程中，党中央契合时机地提出了科学发展观，其首要内容即"以人为本，促进人的全面发展"。为此，高校思想政治教育必须以马克思主义人的全面发展理论为指导，探索创新与人的全面发展规律相适应的高校思想政治教育新途径。这具有积极的时代意义。

一、高校思想政治教育创新的原则

（一）实践性原则

人的全面发展的社会性、实践性与思想政治教育的社会实践性是一致的。人的全面发展要求高校思想政治教育必须把教育与发展的实践结合起来，面向实践，增强教育的针对性和实效性。高校思想政治教育创新要坚持实践性原则，避免传统的理论教育的抽象化、概念化和教条化的痼疾，紧紧贴近生活，联系实际，增强教育的时代性、亲和力和说服力。同时，高校思想政治教育要追求理论教育和实践发展的有机结合，进一步增强将马克思主义理论同中国的具体实际和时代特征相结合的自觉性和坚定性，增强用马克思主义中国化的最新研究成果指导实践的自觉性和坚定性。要根据国情、党情、社情、民情等方面的变化，在内容、形式和机制方面增强高校思想政治教育的实践性，从而促进人的全面发展。

（二）先进性原则

坚持以马克思主义理论为指导，是思想政治教育的根本。作为马克思主义中国化的最新理论成果的中国特色社会主义理论体系，是高校思想政治教育的重要理论基础。高校思想政治教育必须以中国特色社会主义理论体系为道德之基、立身之本，坚持以人为本的理念，充分认识人的本质，对大学生的各种需要进行具体分析，增强高校思想政治教育的针对性。这既是对人的全面发展的基本要求，也是实现人的全面发展的根本动力。

（三）主体性原则

人的主体性不仅是人的全面发展的重要内涵，而且是人的全面发展的重要条件。人的发展的根本动力在于人的主体性。人的发展，从本质上说，是确立人在世界中的主体地位，发挥人的主体作用。促进人的全面发展是高校思想政治教育最本质的意义。因此，高校思想政治教育应该按照人的全面发展的要求，从促进社会发展的功能向"生产全面发展的人"的育人功能转变，把培养和弘扬大学生的主体性纳入高校思想政治教育的目标体系中，建立主体之间平等交往、双向互动的主体性思想政治教育模式，注重增强大学生的主体意识，培养大学生的主体精神，开发大学生的主体功能，从而塑造大学生的主体人格。

（四）持续性原则

人的全面发展是一个持续发展的历史过程，每个历史阶段的人的相对全面发展，构成了人的全面发展链条中必要的一环。思想政治教育就要在人的全面发展或人的全面性塑造中努力发挥自身的作用，从而推动人的可持续的全面发展。高校思想政治教育创新应坚持可持续发展原则，促进大学生的可持续发展，即丰富大学生的精神世界，挖掘大学生的各种潜能，优化和协调各种关系。要用先进文化陶冶大学生的情操，提高大学生的境界，实现大学生的思想、精神和心理的健康发展。要培养大学生协调人与自然、人与社会、人与他人以及人与自身等各方面关系的能力。同时，高校思想政治教育必须面向未来，以全面发展的人和全面发展的社会规范来引导社会发展，提高大学生的思想道德素质。

只有这样，高校的思想政治教育才是符合可持续发展要求的，也才能发挥出应有的作用。

二、高校思想政治教育创新的途径

人的全面发展是逐步提高、永无止境的动态历史过程，体现着绝对与相对、无限与有限的辩证统一，这就要求高校思想政治教育应当在人的全面发展理论的指导之下，与时俱进，不断创新，增强思想政治教育的针对性。当下我国高校的思想政治教育要适应新形势的发展要求，在继承既有经验的基础上，结合新形势、新情况，把人的发展的继承性和连续性有机结合起来，从理念、内容、形式、手段等方面不断实现高校思想政治教育的创新，努力挖掘人自身的各种潜力，真正实现人的充分自由的发展。

（一）高校思想政治教育理念创新

高校思想政治教育应以确立先进的教育理念为先导，为大学生的全面发展提供向导。高校思想政治教育理念创新必须牢牢把握马克思主义人的全面发展的科学内涵，树立以人为本的理念、务实的理念、发展的理念，发挥大学生的主体性作用，以实现大学生的全面发展为出发点和落脚点来制定工作的目标、内容、方法等。

1. 树立以人为本的理念

以人为本的理念已成为当代中国社会发展和时代进步的客观趋势和要求，是推动整个中国社会进一步发展的指导思想。人是教育的出发点，也是教育的归宿；人是教育的基础，也是教育的根本。一切教育必须以人为本，这是现代教育的基本理念。在高校思想政治教育中，坚持以人为本就是提倡高校思想政治教育的本质是人的教育，还思想政治教育以"人本性"，使思想政治教育真正成为促进大学生全面发展的教育。也就是要彻底纠正高校思想政治教育中人缺位的状态，以学生为主体和目的，以学生为工作的出发点和落脚点，以全面开发学生的潜能和发展学生的人格为根本任务，以学生的发展为评价标准，围绕学生的生存和人格发展开展工作，为学生提供有价值的服务和指导。

2. 树立务实的理念

从解决大学生的实际问题入手，提高思想政治教育的实效性。树立务实的理念，即在具体工作中注意从小处着手，切实解决大学生关心的实际问题，并将教育的内容和目标巧妙地贯穿在解决实际问题的过程中，争取达到既传播教育内容，又赢得大学生尊重的双重效果。如高校一方面可以充分发挥自身人文社会科学的优势，深入研究大学生思想政治教育中深层次的理论和实际问题；另一方面可以联系学生的思想实际开展专题报告、社会热点问题讨论等活动，有力地调动学生学习理论的主动性、积极性。

3. 坚持全面发展的理念

以大学生的全面发展为落脚点，增强高校思想政治教育的时代性。要遵循大学生全面发展的规律，遵循思想政治教育内化与外化的规律，把握大学生接受人的全面发展规律的心理，关注并尊重大学生主体性的高扬和发展，确立思想政治教育工作者的主体性与大学生的主体性共同发展的辩证统一的新理念，使主体性发展符合时代性。为适应市场经济发展，要着重培养大学生的竞争意识和创新意识，充分发展大学生的创造能力，变被动就业为自主创业，使高校思想政治教育符合时代发展。

（二）高校思想政治教育内容创新

按照人的全面发展理论的要求，高校思想政治教育的内容应包括政治教育、思想教育、道德教育、法治教育、心理教育等。它们是相互联系、互相渗透，互为条件、互相制约的统一体。当前，根据大学生的发展实际，以人的全面发展为引导，高校思想政治教育应重点突出以下内容。

1. 加强思想道德教育

毛泽东在关于人的全面发展的理论中谈到培养高尚的"道德的人"，他认为政治教育教会社会主义新人一定要有坚定的共产主义信仰、高尚的共产主义道德情操。当代大学生处于深刻的社会变革的时期，因此，高校思想政治教育应在坚持原则的基础上加强道德教育，以基本道德规范为基础，深入进行公民道德教育。要认真贯彻《公民道德建设实施纲要》，以为人民服务为核心，以集体主义为原则，以诚实守信为重点，广泛开展社会公德、职业道德和家庭美德教育，引导大学生自觉遵守爱国守法、明礼诚信、团结友善、勤俭自强、敬业奉献的基本道德规范。深入研究大学生的接受心理和知行转换机制，精心设计落实教育的基本要求的一系列中介环节和实际步骤，把道德实践活动融入大学生的学习和生活之中，引导大学生从身边的事情做起，从具体的事情做起，培养良好的道德品质和文明行为。

2. 强化心理健康教育

人的全面发展包括人的个性的自由发展，其中，人的心理因素的发展和完善是重要内容。现代社会的开放性、复杂性和易变性，尤其是多元价值观的冲击，使大学生的心理问题日益突出，不同程度地导致某些心理失衡、心理障碍和心理疾病。因此，高校思想政治教育要大力加强大学生的心理健康教育，根据大学生的心理特点，有针对性地讲授心理健康知识，开展辅导或咨询活动，以帮助大学生树立心理健康意识，优化心理品质，增强心理调适能力和对社会生活的适应能力，预防和缓解心理问题。帮助他们解决适应环境、自我管理、学习成才、人际交往、交友恋爱、求职择业、人格发展和情绪调节等方面的困惑，提高心理调节能力，培养良好的心理品质。

3. 加强人格教育

人格是思想道德素质的一个重要方面。当代大学生呈现出责任意识、践行能力、辨别能力、承受能力弱的特点，这就迫切要求高校思想政治教育加强大学生的人格教育。人格教育是通过观察、评定的方法来了解学生的人格特点，采取各种教育和心理学手段，补救和改进人格缺陷，促使大学生健康发展，形成健全的人格。高校思想政治教育要通过各种教育手段，促使学生加强对自己内心世界的了解，以及对周围环境的认识，使之能自觉地把握自我价值与人生意义，自己解决问题，从而自立、自强、自尊、自爱，进而形成健全人格。要培养学生坚持真理的理性精神和高尚的德行，保持人格完整与独立。要注重学生人格的协调发展，不仅要重视学生的社会化，培养社会发展所需的人格特征，使学生自觉养成理解别人、尊重别人、舍人之短、真诚合作的优良品质，而且要重视学生的个性化，强化学生的主体意识和主体地位，逐步培养当代大学生乐观、诚实、自信的健全人格。

（三）高校思想政治教育方法创新

根据人的全面发展的深刻内涵以及思想政治教育的本质属性，高校思想政治教育必须进行方法的创新。

1. 改变传统的一味灌输的方法

人的主体性的全面发展是人的全面发展的一个重要方面。很多高校思想政治教育中存在一味灌输的现象，忽视教育对象主体作用的发挥。所以，高校思想政治教育应在主体性原则的指导下积极培养大学生的主体个性与主体精神，促进主体人格的形成。这就决定了在选择教学方式时必须确立学生在思想政治教育中的主体地位，发挥其主体作用，要求改革与学生主体性发展要求不相适应的教学方式方法，向现代思想政治教育方式转变。因此，在进行思想政治教育时，必须变单向灌输为双向交流，变重视结论灌输为注重过程的训练，变"以教师、教材、课堂为中心"为"以学生、情境、活动为中心"。更多地运用交互式、体验式、渗透式和咨询式的教育方法，给学生独立感知、自主思考、主动体验、积极探索的空间，让学生成为思想政治教育的主动参与者、体验者和探究者。

2. 采用多种教学手段

当代大学生的思想构成的复杂性，决定了思想政治教育难以通过一种手段促进人的全面发展。因此，高校思想政治教育必须采用多种教学手段，齐头并进，形成教育合力，这样才能更好地促进大学生的全面发展。这就要求高校思想政治教育要利用一切可以利用的手段，通过板报、画廊、广播、电视、网络等多种形式，营造良好的思想政治教育环境，以增强思想政治教育的感染力和影响力。此外，还要利用现代化的科学技术，如现代传媒手段，宣传有新意、有时代气息、经得起实践检验的内容和道理，使思想政治教育更具有针对性和时效性。要重视引导学生通过体验、思考、自励、自省等自我教育的方式把自我的感受、体验上升为做人的道理，转化为追求真、善、美的内在动力。

3. 坚持教育与实践相促进的方法

马克思的教育和生产劳动相结合是造就全面发展的人的唯一方法的观点告诉我们，教育和实践相结合是促进人全面发展的有效途径。高校思想政治教育既要重视教育的方法，又要重视实践的环节，努力把教育和实践结合起来，相互促进。要将大学生的社会实践活动纳入工作计划中，对活动内容提出明确要求，增强计划性，减少随意性；要在提供多样的活动场所、构筑更加宽阔的社会活动平台、创新有组织的多元化的社会考察形式上下功夫，充分利用所在地的教育资源优势，突出地方经济、政治和文化的建设成就，体现多样性和地方特色；要为社会实践活动提供必要的物质保障，确保足够的人力、经费投入和后勤保障，保证社会实践活动有条不紊地进行。要引导学生积极投身社会实践，通过参加公益劳动、社会调查、社会服务、勤工助学等各种社会实践，使学生在实践中增强社会责任感和历史使命感，形成正确的价值取向；在实践中磨炼意志，拓展能力，获得工作经验和实际工作能力，提高就业意识和就业能力；在实践中形成符合社会要求的心理品质，发展和完善人格，实现从自然人向社会人的转化；在实践中发挥自主性和创造性，实现个性的充分而自由的发展。

（四）高校思想政治教育环境创新

中共中央、国务院下发的《关于进一步加强和改进大学生思想政治教育的意见》，十分强调大学生思想政治教育的系统性和综合性，强调了营造良好的环境对于大学生成长成才的重要性，为大学生思想政治教育指明了方向。要建立与大学生全面发展相衔接、与大学生成长成才相适应的工作机制，就要整合高校思想政治教育的社会力量，为大学生全面发展营造和谐的氛围。

1. 家庭教育是高校思想政治教育不可忽视的环节

作为社会的细胞、社会生活的基本单位，家庭是最先对人实施教育和产生影响的地方，是个人走向社会的桥梁；父母是子女的第一位老师。家庭环境不仅影响子女的个性发展，而且对子女的世界观、人生观、价值观的形成和确立都起着重要作用。因此，高校思想政治教育要根据家庭中父母对子女的权威、亲和力，探索建立与家庭相沟通的机制，积极开展家庭和学校的沟通和交流。例如，定期向每位学生家长寄发公开信，既可以让学生家长及时地了解到学校的近期动态，又可以使学校的相关政策得以顺利实施；每学期末向学生家长反映学生的情况，也是让家长了解学生在校学习、生活的情况的一个良好途径；此外，建设畅通的网上交流平台也是家庭与学校交流的理想途径。

2. 着力优化校园环境

大学校园为大学生个性的自由发展提供了广阔的天地，为他们发掘自我个性的潜能创造了条件。高校应遵循优化原则，营造良好的育人环境。首先，坚持依法治校，建立健全科学的规章制度，靠制度实行管理，其本质是使学校的治理法治化、科学化、制度化，以此规范和约束高校的管理行为，培养学生的法律意识，增强法治观念，养成遵纪守法的良好习惯。这既是创建和谐校园的根本保证，也是大学生全面发展的应有之义。其次，坚持民主管理，充分发挥学生会等社团联系大学生的桥梁和纽带作用，维护好广大学生的利益，保护好其积极性，开发其聪明才智和潜能，使学生的主体作用得到应有的肯定和尊重。最后，凝练大学精神。大学精神是大学文化的精髓与灵魂之所在，大学精神会不断地浸透到大学文化的行为主体和各种文化载体中，以其特有的导向、凝聚、激励、塑造等功能，在大学发展和人才培养中发挥着重要作用。要按照先进文化的发展要求，认真总结、提炼本校的优良传统，紧密结合时代精神，凝练大学精神，形成浓厚的精神家园的氛围。

3. 学校、家庭、社会环境的协调统一

高校思想政治教育仅靠家庭、学校或社会的任何一方面的努力都是难以很好地完成的，必须重视三者的合力作用，依靠全社会的力量，营造积极向上、健康文明的校园环境，以促进大学生的全面发展。首先，积极宣传社区主流文化。大学生的"三下乡"活动为农村、社区送来了科技和文化，同时也使得大学生自身的思想政治觉悟得到了很大的提升。这些不曾吃苦的学生真真切切地感受到农民的辛苦，也了解到农村的真实面貌，为他们发愤图强、报效祖国奠定了深刻的情感基础，这也正是"三下乡"活动的意义之所在。其次，积极倡导大学生奉献爱心、回报社会。在学生中积极开展"青年志愿者服务日"活动，带领大学生走出校门，到孤儿院、养老院等地方，为孤儿和老人送去温暖，送去自己的爱心；或者到附近的社区、街道等开展义工活动，服务社会，服务群众，共同构建和谐社区。多姿多彩的社区文化活动（如"城市之间""高雅音乐进校园"等）的开展，都有利于宣传主流、上进的文化。推动和鼓励大学生多参与此类活动，不但能够促使他们更多地接触社会，也有利于他们接受自身文化的熏陶。因此，要提高学校思想政治教育的实效性，就必须做到家庭教育、学校教育、社会教育的统一协调，齐抓共管，紧密配合，以形成合力，实现三者之间的良性互动，构建家庭与学校、社区联合的育人环境。

（五）高校思想政治教育队伍创新

加强高校思想政治教育队伍建设，是改进和加强高校思想政治教育，实现大学生全面发展的重要的组织保证和长效机制。根据新形势下改进和加强高校思想政治教育工作的需要，按照提高素质、优化结构、相对稳定的要求，一要加强政工队伍建设，二要提升教师的人格魅力。

1. 加强思想政治教育工作队伍建设

要注意选拔一批德才兼备的年轻干部，以充实高校思想政治教育工作队伍，并针对政工队伍的现状，制订培训计划，加大培训力度，为高校思想政治教育工作人员创造良好的学习环境。通过多种途径，使他们的知识不断得到更新，理论水平和业务能力不断得到提高，能够运用现代的思维方式和工作方法做好本职工作。修订有关制度和办法，逐步完善思想政治工作的激励机制，努力建设一支政治强、业务精、作风正的高校政工队伍。

2. 提升思想政治理论课教师的人格魅力

高校思想政治理论课是高校思想政治教育的主阵地，是帮助大学生树立正确的世界观、人生观和价值观的重要途径。因此，建设一支高水平的高校思想政治理论课教师队伍，对于培养合格的社会主义事业接班人意义重大。大学生是社会成员中知识层次较高的青年群体，促进大学生的全面发展，必然要求思想政治理论课教师与时俱进，始终走在时代前列，不断研究新情况，阐释新问题，做出新概括，讲出新东西。因此，思想政治理论课教师要提升人格魅力。教师的人格魅力具有深入性、持久性、渗透性的特点，对学生人格的形成起着牵引和感召作用。思想政治理论课教师要充分利用"春风化雨"的育人优势，在"传道、授业、解惑"中影响学生的心智，提升学生的道德境界；要以自己的人格魅力感化学生，通过言传身教来感染和引导学生。思想政治理论课教师要主动适应时代发展的要求、21 世纪对人才培养的要求、高等教育改革发展的要求和培养高素质创新人才的要求，主动适应当代大学生身心发展特点的要求，转换角色，把握规律。思想政治理论课教师要从自身做起，由传统教育的"传道、授业、解惑"转化为学生全面发展的引路人、示范人、参与人。在经济全球化时代，深刻变化的国际和国内环境为高校思想政治教育促进人的全面发展提供了更为广阔的发展空间，但同时也产生了大量的新情况和新问题。在这样的新形势之下，立足于人的全面发展的要求，审视传统的高校思想政治教育存在的问题，进而提出高校思想政治教育只有在人的全面发展理论的指导下，不断更新理念、拓展内容、探索新方法、解决新问题等，才能实现培养更多的全面发展的人才的目标，才会显示其旺盛的生命力和重要的价值。

第三章　高校思想政治教育面临的
机遇与挑战

第一节　新境遇给高校思想政治教育带来的机遇

经济全球化、社会信息化、体制市场化、文化多样化相互交织，共同构成了当代高校思想政治教育的现实境遇。这样的现实境遇，既为高校思想政治教育创造了机遇，又对高校思想政治教育提出了挑战。

一、新境遇更加凸显高校思想政治教育的重要性

当今世界，随着经济全球化和社会信息化浪潮的兴起，世界范围内综合国力的竞争更加激烈，而人才的竞争在综合国力的竞争中又居于主导地位。中国是一个人力资源大国，如何在经济科技水平落后于其他西方发达国家的情况下，将人力资源转化为科技资源，将科技资源转化为经济资源，成为一个人力资源强国，是我们不得不思考的问题。在人力资源的开发过程中，我们要处理好科学文化素质和思想道德素质两者的关系。知识经济和信息技术的发展必然会更加凸显出社会道德及人的情感等精神因素构建的重要性。经济一体化的发展和知识经济的勃兴，当然需要能站在世界前列的高科技人才和经济管理人才，但这并不意味着我们的教育只需要注重对人的科学文化素质的培养，而可以忽视对人的思想道德素质方面的要求。相反，在世界范围内综合国力竞争日益激烈的条件下，塑造一大批德才兼备，具有高度社会责任感、爱国主义精神和创新精神的高科技人才显得更加迫切。如果忽视了这一点，我们就会丧失经济和社会发展的强大精神动力，我们就会在人才高度流动的国际经济竞争中流失大量的人力资源。因此，必须从科教兴国的战略高度，从人的素质全面发展的高度，来认识思想政治教育在培养新时代具有国际视野、思想道德素质过硬的高素质人才中的重要作用，切实加强高校思想政治教育。

二、新境遇拓宽了高校思想政治教育的国际视野

经济全球化、社会信息化的发展使高校思想政治教育的时空得到了前所未有的拓展，客观上要求我们具备一种宏大、开放的国际视野，来重新审视高校思想政治教育的理论和实践。在经济全球化的大背景下，大学生处于一个空前开放的世界，视野更加开阔，思想更加活跃、自由和开放。他们比任何时候都更加关心国际形势的变化和发展。经济全球化唤醒了他们的国际意识、竞争意识和进取意识。经济全球化缩小了不同国家、不同民族之间的差距，同时也加深了不同国家、不同民族之间的联系和理解。这些都对大学生产生了深刻的影响。随着经济全球化的发展进程，西方国家的一些势力既想从中国获利，又要尽量抑制中国发展，以便长期保持自己的经济优势，延缓中国成为世界强国的步伐，并企图利用经济全球化实现其"西化""分化"中国的政治图谋，这些现象都强烈地影响着大学生的思想，激发了他们的国家主权意识、民族认同意识和历史使命感。这也为新时代加强对大学生的国际意识教育和爱国主义教育提供了很好的契机。

高校思想政治教育时空视域的拓展，不仅拓展了大学生的国际视野，激发了大学生的爱国意识，而且为我们充分利用这种新境遇做好高校思想政治教育提供了新的思维方式和理念。这就意味着，我们再也不能仅仅从本国的文化视野出发来对大学生进行思想政治教育，而要以开放的文化心态，在继承和弘扬中华民族优秀传统文化和党的优良传统的基础上，坚持正确的政治方向，自觉地摒弃不能适应经济全球化发展趋势的观念、做法，积极借鉴和吸收其他国家高校思想政治教育的有益做法和宝贵资源，经济发展要面向世界，精神文明建设同样也不能关起门来进行。这就要求在经济全球化背景下，高校思想政治教育必须以宽阔的视野和开放的胸怀，汲取人类文明的一切优秀成果和先进经验，在世界视野中推进高校思想政治教育的改革与发展。高校思想政治教育应从过去那种带有一定封闭性、强制性、排他性的教育模式中走出，在坚持正确价值导向的前提下，在思维方式、信息交换、内容拓展等方面更多地体现其开放性和兼容性。唯其如此，才能在建设社会主义精神文明的过程中，将全人类创造的优秀文化成果为我所用，使高校思想政治教育不仅面向现实，面向现代化，也面向世界并走向世界。

三、新境遇为加强和改进高校思想政治教育提供了良好的载体

随着现代信息技术的高速发展特别是互联网的日益普及，现代社会逐渐进入"网络时代"，社会信息化的趋势愈加明显。以网络技术为核心的现代信息技术

的迅速普及，不仅成为经济全球化的重要推动力和表现之一，而且给高校思想政治教育创造了新的载体。互联网是 20 世纪末以来资讯传播技术发展的结晶，也是继报纸、广播、电视之后，新近兴起的"第四媒体"。网络作为大众媒介，与传统的报纸、广播、电视相比，显示了自己的许多特点和优势。

一是传播方式的交互性。在网络上，传播者和受众可以通过电子邮件和公告板、聊天室等方式及时沟通，使信息的反馈得以及时实现，从而在全新的意义上实现受众对信息传播过程的参与。

二是传播手段多媒体化。网络作为一种新的传播方式，同时具备文字、图像、视频、音频等人类现有的一切传播手段，也就是说，报纸、广播、电视等传统媒介的功能在网络上实现了整合。网络可以发挥多媒体技术手段的优势，使传播效果最优化。如交互性多媒体包括计算机软件、硬件和外部设备，可以提供文字、声音、影像、数据和其他信息，融多种传媒的功能于一体，可为大学生提供图文并茂的人机交互方式和演示、协商讨论等多种教育方式，以便激发大学生的学习兴趣和主动性。大学生可以根据自己的兴趣、爱好、知识经验、学习任务等有选择地确定学习路径和内容，使学习方式、进度和过程变得相当个性化，并易于接受。利用这种先进的载体，除了可以充分调动教育对象的自觉主动性、激发他们努力探索的兴趣和动力外，还可以最优化地配置教育资源，如可以选聘德高望重、学有专长的专家学者做专题辅导报告、沟通引导，开发专家系统及相应的学习软件，可以将富有教育意义的典型人物、事实材料在最广泛的时空内作为教育资源进行应用等。这一载体的运用，还可以增强教育过程的娱乐性，使之成为一种"娱乐性教学"，增强教学的说服力和感染力等。

三是传播空间全球化。信息在任何角落进入网络，瞬间就可以传遍整个世界。网络消除了有形和无形的国家边界，使信息传播达到了全球的规模。由于网络没有地域上的限制，交互式远程教育为思想政治教育提供了广泛的传播途径，不同地点的高校学生，可通过网络共享思想政治教育资源。网络使家庭与学校对学生的思想教育连为一体。通过网络，家长可随时查询子女在学校的思想行为、学习生活等状况，学校也可随时与学生家长保持联系，做到家校结合，共同做好学生的思想政治教育。这样就使狭隘的教育空间，变成了全社会、开放性、立体化的教育空间。

四是信息传播的高效性。在现代信息化条件下，信息能随时更新，甚至实时传播。传统思想政治教育的方式和手段不仅在承载思想政治教育的信息量、速度方面远远无法同网络相比，而且缺乏网络媒体的交互性、形象性和对思想政治教育对象的吸引力。

37

五是开辟了高校思想政治教育的新阵地。各高校纷纷建立校园网、局域网站，利用网站发布学校的重要信息，大学生则利用网络了解国内外、校内外发生的事件。网络为人们创造的虚拟世界，日益成为大学生信息传输、情感交流的领地，也成为高校思想政治教育的新阵地。许多高校还创建了思想政治教育主题网站，这些主题网站集成了各门学科、各种媒体、各位专家的知识，大学生能依据自身实际情况有选择地向网上的网点进行咨询，获取所需的知识，并及时主动反馈意见。教育者与受教育者在这个网络平台上进行平等的双向交流，这种教育模式使受教育者受到尊重，发挥了他们自主学习的积极性、主动性、创造性。

总之，伴随社会信息化所出现的网络技术给高校思想政治教育创造了迄今最为先进强大的信息载体，如何充分利用和开发网络载体，使网络成为传播思想政治教育信息的新渠道和新阵地，是当前推动高校思想政治教育方法和载体创新的突出课题。

四、新境遇为高校思想政治教育资源开发和内容拓展提供了良好契机

新的境遇为高校思想政治教育资源的开发提供了良好契机。随着信息技术的发展，大学生面临一个开放的信息世界，他们可以在丰富多彩的信息世界尽情地漫游。与此同时，思想政治教育者也获得了更加便利地调用各种教育资源的条件，他们可以通过各种现代化的信息技术，在世界范围内去发现、收集相关的教育信息、教育材料，收集现实生活中富有教育意义的最新教育资源，运用到思想政治教育过程中，提高思想政治教育的信息含量、科学含量，增强思想政治教育内容的有效性。思想政治教育者还可以通过网络互动，更为准确地把握教育对象的心理状态、思想动向等。教育者对这些情况的掌握，其实也是对教育资源的掌握。教育者对这些资源的掌握与开发越多，高校思想政治教育就越有针对性，越富有成效。

新的境遇为高校思想政治教育内容的拓展也提供了良好契机。在经济全球化的背景下，思想政治教育被赋予了更多新的时代内容，要求体现更加鲜明的开放性特征和国际化特征。经济全球化的现实境遇对思想政治教育的内容体系提出了新的课题。比如，在世界政治、经济格局发生重大变化的条件下，如何引导人们认识社会主义的历史进程，坚定社会主义信念，树立崇高理想；在国际竞争日益激烈，国内改革进入攻坚阶段的关键时刻，如何增强中华民族的自信心与凝聚力，保持社会的发展与稳定；在中外文化交流日益频繁、不同价值观冲突加剧的情况

下，如何坚持社会主义文化的主导地位，坚持正确的价值导向；在人类相互依存、相互合作日益增多的"地球村"时代，如何培养与其他国家、其他民族之间的相互依存与合作意识，形成对不同文化的相互尊重与宽容态度，增强国际理解与国际竞争意识等。同时，关注人的社会生存环境、生活质量以及人类的尊严、道德完善和全面发展问题，尊重人类的共同规范，保护生态环境，维护世界和平，促进人类发展，也是高校思想政治教育需要解决的新课题。总之，如何在确保我国的文化安全和以马克思主义为指导的意识形态的主导地位的同时，增强人们的全球意识、开放意识、合作意识、生态意识，"学会共同生活"，这些都是经济全球化背景下高校思想政治教育内容新的生长点。在社会信息化条件下，培养大学生的信息素养，增强大学生的信息意识和信息观念，提高大学生对信息的收集、甄别、分析、处理和消化能力，强化在知识经济条件下对大学生的创新意识和创新能力的培养，也成为当前社会信息化条件下高校思想政治教育的新内容。在文化多样化的背景下，不仅要进一步加强和改进以马克思主义为指导的主流文化的教育，而且要在大学生的通识教育中，将中华民族传统文化中的精华和世界其他国家和民族文化中的有益成分结合起来，加强大学生对传统文化和西方文化以及人类历史上所创造的一切优秀文化的了解，全面提高大学生的人文素养和综合素质。要进行全方位的教育，克服过去教育内容中的单一性、片面性，注重对大学生呈现不同性质、不同类型的文化形态，提高大学生对各种文化的鉴别、分析和选择能力。在社会主义市场经济条件下，要将市场意识、竞争意识、效率意识、平等意识、民主意识、规则意识等这些适应市场经济发展的观念和素质纳入高校思想政治教育的内容体系中，增强其时代感和现实性。

第二节　新境遇给高校思想政治教育带来的挑战

一、经济全球化给高校思想政治教育带来的挑战

无论从客观现实的层面，还是这一客观现实所包含的主观意图的层面，经济全球化进程都对我国的高校思想政治教育构成了严峻的挑战。在经济全球化背景下，西方的意识形态渗透获得了新的表现形式，手法不断翻新，而且越来越隐蔽，越来越具有欺骗性。西方国家借助与我国扩大文化艺术交流的机会，通过各种方式大力传播价值观和生活方式，一些意志薄弱者或涉世未深者往往会深受其影响。从我国的高等教育来看，高校不仅面临西方发达国家先进的科学技术和现

代化教育水平的挑战，而且也面临西方文化意识形态渗透的挑战，所谓的"普世伦理""全球伦理"对大学生的思想产生了不容忽视的影响。因此，在经济全球化进程中，我们在引导学生充分认识、吸纳一切有益的人类文明成果的同时，要高扬主旋律，注重理想信念教育，帮助大学生增强对各种西方社会思潮辨析、甄别和抵御的能力。

二、社会信息化给高校思想政治教育带来的挑战

社会信息化使人们获取信息的条件发生了根本的变化，但由于西方发达国家在信息技术和信息传播方面处于主导地位，它们总是企图把这种信息优势同意识形态图谋结合起来，打着"信息自由"的幌子，对信息技术相对落后的国家尤其是发展中国家传播有害信息，力图使网络成为其实现政治图谋的新工具。

信息化的进程，是人们获取信息的手段愈益先进、信源愈益广泛、信道愈益多样的进程。如果说，在信息技术不甚发达的条件下，高校思想政治教育作为贯彻国家意志的一种有组织、有计划的系统教育活动，尚具有权威信源特点的话，那么，信息化的发展则已无情地打破了高校思想政治教育原有的权威信源的地位。信息传播越来越多元多样，教育对象接触不同倾向思想意识的机会越来越多，其信息摄取行为也越来越个体化、隐蔽化。信息化的进程缩减着思想政治教育者与教育对象之间的信息级差，促成二者之间在信息获取方面平等关系的形成，从而也促进教育对象平等观念、民主观念的形成和强化。当前，各种信息媒体特别是网络空前普及，那种由专门的思想政治教育者掌握话语权进行信息垂直传递的情况已成为历史。思维活跃、目光敏锐、善于独立思考、富有创新精神的大学生网民，在信息占有的数量、质量、速度等方面，甚至已经远远超过了思想政治教育者。这无疑大大影响了思想政治教育者的话语权和主导权。在这种情况下，思想政治教育者如何发挥自己在开放的网络环境中和整个教育过程中的主导作用，无疑是一个巨大的挑战。

网络是一把"双刃剑"。由于互联网本身的隐匿性及相关制度规范、教育引导措施的滞后，出现了一些大学生网络行为失范和心理健康问题。网络的分散性和匿名性增加了信息管理的难度。网络信息管理的乏力意味着网络行为得不到有效制约，助长和纵容了某些大学生网民自我意识的膨胀和道德责任心的淡化，导致了网络行为的失范。近年来，一些大学生成为网络犯罪和不道德行为的受害者，这些问题已经引起了社会的广泛关注。更加令人担忧的是，由沉迷网络造成的网络依赖综合征，如焦虑、孤独、恐慌、自闭、绝望等，已成为威胁大学生心理健

康的巨大障碍。一项对北京 12 所高校的近 500 名本科生的抽测结果表明，大学生中的网络成瘾者比例，在被测试者中占到 6.4%。重庆市第九人民医院和西南大学心理系联合对重庆市北碚区 5 所学校的 400 多名学生进行调查，结果显示，网络成瘾者的比例在 10% ~ 15%。这一现象不得不引起我们的重视。

三、体制市场化给高校思想政治教育带来的挑战

改革开放以来，随着社会主义市场经济体制的建立和完善，一些反映时代特征和社会发展要求的价值观念对广大青年学生的思想和行为方式产生了积极而广泛的影响，但是市场经济的发展同时也给大学生的思想发展和高校思想政治教育提出了一些新的挑战。

一是随着社会主义市场经济体制的进一步确立和完善，国内社会的政治、经济领域发生了广泛而深刻的变革，出现了经济成分、社会阶层、利益诉求、生活方式的多样化，而这"四个多样化"又直接导致了社会阶层分化和人们价值观的多样化，从而对大学生及其思想政治教育产生了一定的冲击。当前，各种社会思潮应时而生，正确与错误相互交织，积极与消极相互激荡。我国意识形态领域呈现出多元格局：既有占统治地位的马克思主义，也有各种非马克思主义思想意识，还有反马克思主义的错误思想；既有社会主义的主流思想，也有资本主义的腐朽观念，还有封建主义的思想残余。社会思想的多样化反映了变化着的社会生活，但它们对社会理想、信仰、信念建设，对坚持马克思主义在意识形态领域的一元化指导地位提出了挑战。如何处理好价值观念多样化与马克思主义意识形态主导地位的相互关系，帮助大学生树立正确的价值观，这是市场经济条件下高校思想政治教育所必须解决的历史课题。

二是市场经济发展过程中暴露出来一些弊端，对大学生的思想产生了消极影响。市场经济自身的弱点诱发的自由主义、拜金主义、享乐主义、利己主义不同程度地存在，国外资产阶级腐朽思想文化乘虚而入，我国长期存在的封建迷信和愚昧落后思想观念也会沉渣泛起，这就为高校思想政治教育带来了一系列新问题。比如，当金钱至上、享乐主义等价值观在社会思想领域发生深刻影响时，当转型时期部分党员干部进行权力寻租的腐败行为时，当市场力量逐渐冲击思想政治教育赖以存在和发展的原有经济基础、社会土壤和思想观念时，思想政治教育能否担负起激发大学生的精神动力、培养集体主义精神和高尚的道德情操的传统职能？思想政治教育的地位是否被市场经济所否定和消解了？思想政治教育是否在市场经济条件下失效了？如何重新定位思想政治教育的地位和作用？思想政治

教育如何应对市场经济所带来的挑战？我们必须客观地评估和思考这些新变化给大学生的思想发展和高校思想政治教育所带来的影响，从理论上解答这些问题。市场经济自身的自发性、趋利性、盲目性，也诱发了一部分大学生的投机心理、功利主义倾向。如一些大学生在校期间将主要精力放在炒股、做生意上，学习相对成了"副业"。在一部分大学生中存在着注重个人利益、轻视社会责任，追逐物质享受、忽视精神追求，讲求现实体验、轻视长远责任，崇尚个性、忽视社会规范等现象。在行为方式上，一小部分大学生也出现了诚信缺失、恶性竞争等现象。这些新的动向，需要加以重视并进行正确引导。

三是市场经济的发展给传统的思想政治教育模式带来了挑战。中华人民共和国成立以来，我们有三十多年时间是在计划经济的环境下进行高校思想政治教育的。传统的思想政治教育运行方式主要是与计划经济相适应的行政主导方式，这种思想政治教育的运行方式适应了当时特殊的经济体制和社会组织形式的需要，也取得了一定的成效。但随着市场经济体制的建立，这种僵化而单一的思想政治教育运行方式已经无法满足社会发展的需要了。市场经济作为一种全新的经济运行方式，对思想政治教育运行模式提出了新的要求，思想政治教育的领导体制和运行机制必须进行改革。随着中国共产党在新时代执政形势、执政任务的新变化，党也必须根据市场经济体制下思想政治教育形势的新变化，改革思想政治教育的运行机制，建立一套与市场经济体制相适应的高校思想政治教育运行机制，整合社会各方面的教育力量和资源，形成思想政治教育的社会合力。

四、文化多样化给高校思想政治教育带来的挑战

在21世纪，高校思想政治教育所面临的新境遇的突出特点之一就在于它的开放性、多元复杂性，各种不同性质的思想文化的相互激荡构成了高校思想政治教育所必须面对的思想文化大背景。文化多样化给高校思想政治教育带来的挑战主要表现在以下方面。

一是对我国主流文化主导地位的挑战。经济全球化浪潮的不断高涨，加上信息化的发展，必然带来国际范围内不同思想文化更加激烈的碰撞。这种不同思想文化的碰撞，虽然给各种异质文化相互学习、相互融合带来契机，使它们在这个过程中丰富和发展了自身，但是这个过程又必然带来文化和价值观念领域的巨大冲突。因为在任何文化的交流、碰撞中，总是高势位文化掌握着交流的主控权。我们在改革开放、吸收外来文化的过程中，难以避免各种西方文化霸权主义和文化殖民主义的影响。在文化激荡的条件下，如果不警惕这一点，帮助大学生

树立起中华民族的文化自信，用社会主义核心价值体系构筑起一道坚固的文化防线，文化多样化就必然带来主流文化边缘化。而如何在文化多样化的前提下，巩固我国主流文化阵地，确保我国的文化安全，引导大学生增强对中华民族优秀传统文化和社会主义先进文化的认同感，则是时代给高校思想政治教育提出的挑战。

二是对价值观念的挑战。我国改革开放的实践使人们的思想观念、价值观念日益多样化。一方面，市场经济的发展导致了社会流动性的增强和社会阶层的分化，产生了不同的利益群体，这些不同的利益群体都有各自不同的价值观念。如民营经济、私营企业、外资企业的从业者和国有企业、事业单位工作人员在价值取向上就存在着差别，前者更注重竞争、经济效益，后者则更注重合作、社会效益等。这种反映不同社会群体利益诉求的价值观念体现在社会思潮领域，就表现出各种不同的甚至错误的思想主张纷纷出现。大学生接受着来自这些不同利益群体的不同价值观念的影响，必然会导致价值取向上的矛盾、迷茫甚至混乱，增加价值选择的难度。另一方面，大众传媒的发展又为这些不同的价值观念提供了表达的载体和渠道。在大众文化领域，流行文化、酷文化、星座文化、风水文化、鬼神文化等各种五花八门的亚文化，以电视、网络为载体粉墨登场，难免鱼龙混杂、泥沙俱下，而一些大学生又缺乏对这些亚文化的鉴别能力，陶醉于流行文化的温柔乡之中，迷恋于星座文化、风水文化的非理性想象，逐渐疏离甚至背离了社会中积极、正面、健康向上的价值观。如何在利益群体多元化、表达路径多元化的条件下，引导社会舆论，以社会主义核心价值体系领多样的社会思潮和价值观念，帮助大学生学会在不同价值观中进行鉴别、选择，这是文化多样化给高校思想政治教育提出的又一个挑战。

第四章　高校思想政治教育的资源整合

第一节　人力资源的整合问题与途径

人力资源是贯穿大学生思想政治教育始终的、不可或缺的、唯一的活资源，人力资源的实际整合状况直接关系到甚至是决定着高校思想政治教育的质量。人力资源管理要求一个组织通过不断地获得、认识并开发组织成员的各种潜能，激发他们对组织的忠诚和贡献，共同为组织目标服务。近年来，随着"以人为本"理念的普及，人力资源管理越来越受到各级管理人员的重视。因此，高校必须高度重视对人力资源的有效整合，准确认识当前在人力资源整合中存在的主要问题，科学把握人力资源的整合途径。

一、整合中存在的主要问题

大学生思想政治教育中一个不可回避的现实问题，是以辅导员为主体的有限教育资源相对于高等教育大众化阶段产出庞大的受教育群体之间比例的严重失调，教育资源相对于受教育群体而言显得捉襟见肘，这也是目前高校思想政治教育常处于"水中月""雾中花"之尴尬境地的原因之一。从理论上讲，高校所有的教职员工都具有育人之责，但由于没有明确相关的权利与义务，因此包括思想政治理论课教师在内的大部分高校教职员工基本上都游离在大学生思想政治教育系统之外，高校思想政治教育的工作重担基本上都压在了辅导员身上。一名辅导员往往要负责上百名大学生的思想政治教育工作，同时还要在各种会议和活动场所中奔忙，而他们作为刚刚踏入工作岗位的"新人"，本身又面临结婚、育儿等人生大事与琐事，很难再期望他们拿出更多的精力和时间干好超出人体极限的非常态式的工作。面对这种第一线育人资源的短缺，大多数高校思想政治教育工作不可能细致深入和扎实有效地开展，所谓的思想政治教育只好徘徊在程式化、表面化的粗放型阶段，也就不足为怪了。因此，有必要探寻和挖掘新的可供补充的育人资源，把高校里那些隐性与分散的育人资源真正整合融会到大学生思想政治教育体系内，以缓解当前高校育人资源短缺的窘况。

高校对思想政治教育资源的重视首先体现在对人力资源的重视上，例如，许多高校不惜代价引进高学历、高职称的思想政治理论课教师，积极鼓励在职教师攻读硕士、博士学位，不断壮大思想政治教育教师队伍等，在这些方面高校花费了不少人力、物力、财力，也取得了不少的成绩。但综观整体，高校在对思想政治教育主体资源的整合中仍然存在着不少问题，主要有以下五个方面。

第一，思想政治教育工作者素质参差不齐，专业化程度较低。虽然在一线从事辅导员工作的青年教师大都具有硕士或博士学位，但缺少实际工作经验，且部分辅导员并非思想政治教育科班出身，在进行高校思想政治教育时就暴露出工作不专业、不到位的问题。

第二，部分专业课教师对大学生思想政治教育思想上不重视，行为上不参与。部分专业课教师认为，思想政治教育工作是辅导员的事，与自己无关。有的即使承担了某些思想政治教育工作，也是短期行为，不能长期投入。

第三，大学生人力资源没有得到充分利用。大学生思想政治教育最直接的对象和受益者是学生本人，但在高校思想政治教育中部分辅导员和班主任仍有包办现象，对学生参与学生教育管理工作总是不放心，让学生主体游离在大学生思想政治教育之外。

第四，大学生家庭人力资源被忽视。一方面从学校角度看，认为学生家长远离学生，靠学生家长做工作是远水解不了近渴，没有重视对家庭教育人力资源的开发与利用；另一方面从家庭角度看，部分家长认为，学生进了大学校门其教育就是大学的事，因而对孩子教育不再像小学、中学阶段那样关注和重视。

第五，各类人力资源之间缺乏沟通。高校思想政治教育工作是一项系统工程，需要调动学校和社会等各个方面的力量，但在做大学生思想政治工作时，不少主体忙于自己的工作事务，难以形成思想政治教育资源整合的优势，难以发挥各类思想政治教育群体应有的作用。

为此，高校应更新观念，树立人力资源的整体观，全面加强对各类人力资源的整合，并建立健全人力资源的联系机制，以加强相互间的沟通与协作，从而形成强大的教育合力。

二、人力资源整合的主要途径

高校作为人才培养的高地，拥有众多的育人资源。可惜由于种种主客观原因，有些资源没有被挖掘与认可而处于隐性或沉没状态，或者有些资源没有被激活与配置而处于闲置与浪费状态。由此最终导致拥有众多育人资源的高校却面临着育人资源短缺的尴尬，只能依靠以少量的辅导员为主体的专职思想政治教育工作者队伍"孤军奋战"，制约了大学生思想政治教育工作实效性的提升。有鉴于此，有必要对高校育人资源加以挖掘，使其融入大学生思想政治教育的整个系统之中，从而丰富思想政治教育系统的资源。

（一）整合利用校内人力资源，增强育人合力

高校思想政治教育工作者要实现优势互补，使各类教育力量形成整体合力，优化配置教育资源，以实现教育力量的整合。对教育主体而言，专职学生工作队伍是中坚力量，兼职学生工作队伍是基础力量，大学生党员、学生干部是骨干力量。对社会而言，要实现社会教育、学校教育与家庭教育的有机结合；对高校而言，要形成教书育人、管理育人和服务育人的协调整合，既要积极发挥现有日常资源的教育作用，又要全方位、多角度地发掘潜在的教育资源特别是教学课程资源、社会舆论资源以及社会实践资源，使高校思想政治教育更具实效性。

1. 重视整合大学生思想政治教育专兼职辅导员队伍

在强调辅导员队伍重要性的同时，也要整合和优化辅导员队伍的内部资源。比如，要明确思想政治理论课教师具体的育人任务，改变其育人教育中"说"与"做"分离之态；要分离不属于辅导员范围之内的琐碎之事，还原其育人的原生态本位。同时，也可以尝试辅导员的分类制度，使其或偏重心理分析式育人，或偏重思想教育式育人，或偏重具体事务管理式育人。总之，要使学生工作队伍各归其类，各有倚重，以提高效率，达到事半功倍的效果。

2. 重视整合大学生思想政治教育教师队伍

要增强育人合力，就要使所有教职员工都重视自己的职责，做到全员育人。高校的专业教师、行政管理工作者和离退休人员这支分散的育人队伍，需要重点进行整合和配置，使其真正融入大学生思想政治教育系统中，并有所作为，以缓解专职学生思想政治教育工作者队伍"人力"严重不足的现状。首先，应真正转变观念，认识到这支庞大的隐性队伍是专职思想政治教育队伍之外的重要育人资源。其次，应依据这部分资源的不同属性客观理性地配置到大学生群体之中，切实落实大学生思想政治教育本科生导师制。研究生导师除负责好研究生的思想教育外，也可根据实际情况担负起一定比例的本科生育人之责，其他专业教师与行政工作者也要依据相关标准担负一定比例的学生工作事务。离退休教师作为智慧

的长者可以返聘，使其具体地负责有关大学生思想政治教育的一些具体事宜，协助辅导员开展工作，更好地发挥关心下一代的政治作用。最后，应鼓励一些专业教师、行政管理工作者和离退休人员利用微信、QQ等网络方式传扬爱与美的真谛，打造网络思想政治教育阵地中个性化的精神寓所，延伸其思想政治工作的时空维度。总之，全体教职工都有责任为大学生树立良好的榜样，使学生随时随地能受到感染和教育。只有通过整合各方面力量、增强育人合力，才能形成教书育人、管理育人、服务育人的综合育人环境，从而达到切实加强大学生思想政治教育的目的。

3. 重视整合实现自我教育的大学生人力资源

从思想政治教育过程来说，大学生不仅是教育活动的客体，而且从某种意义上讲也是教育活动的主体、自我教育的主体，具有主观能动性，不仅能完成自身从知到行的转化，而且可反作用于教育者。思想政治教育要取得实效，既要加大教育引导的力度，又要激发受教育者的内在动力。这种内在动力的激发，既要依靠教育者的教育引导，又要依靠学生的自我教育。作为一种特殊的教育形式，大学生自我教育意味着大学生在日常思想政治教育过程中，既把自己作为意识和意志的对象，又把自己作为教育和改造的对象；充分体现了大学生通过思想政治教育不断提高自身思想政治素质的自觉性，反映了思想政治教育过程中自我意识的觉醒，标志着思想政治教育进入了高度自觉的阶段，是思想政治教育的最高境界和最高形式。

4. 充分发挥高校"三育人"作用，推进全程、全员、全方位育人

把高校中各类不同来源、不同层次、不同内容的人力资源进行有效整合，形成合力，从而真正做到"全体教职工教书育人、管理育人、服务育人"。如果高校能够将校内育人资源与家长以及社会等校外育人资源有机结合起来，将有助于形成"全社会都要关心大学生的健康成长，支持大学生思想政治教育工作"的氛围，切实提升大学生思想政治教育的品质与实效。

（二）整合社会各界资源，发挥育人功效

学校要把社会和各个子系统中的思想政治教育资源优化整合，形成多个辐射源。整合社会各界教育资源，建立高校思想政治教育中心和若干区域中心。建立校外思想政治教育基地、社会实践基地，聘请各界成功人士、知名校友担任客座教授、素质导师等。在与学校相关的各类社会人力资源中，尤其重要的是校友资源。

校友是在学校一起学习、进修、工作、生活过的各层次、各类别的学生，以及在学校工作过的教授、兼职教授和教职员工等人员。校友资源是校友自身作为人才资源的价值，以及校友所拥有的财力、物力、信息、文化和社会影响力等资源的总和。校友资源涉及高校发展的方方面面，如社会关系、形象代言、资金支持、信息来源、就业保障……对一所学校的发展至关重要。校友资源是一支潜在的、不可或缺的社会力量，发挥着思想政治的引领作用、道德教育的示范作用、心理健康的调适作用、就业指导的桥梁作用。从人力资源的角度来看，校友也是一种有利于提升学校社会名望、开展校企合作、帮助学生就业。

第二节　社会资源的整合意义与途径

大学生思想政治教育的社会资源，是指在全社会范围内一切有利于进行思想政治教育并为其提供服务的可被开发、利用的诸多要素的总和。社会生活的方方面面都是思想政治教育的载体，除了在学校进行思想政治教育以外，在新农村建设、企业文化建设等方面都可以传输思想政治教育的内容。充分挖掘并利用社会大系统中与高校思想政治教育密切相关的思想政治教育资源，是实现高校思想政治教育社会化的有效途径。

例如，德国联邦议会和政府高度重视政治教育资源建设，形成了主要由议会、政府、政党、学校和社会组织构成的较完善的政治教育资源体系，建立了"国家主导与政府行政指导下社会组织普遍协同和广泛参与相结合"的政治教育管理体制和运行机制，这对于加强和改进新时代我国大学生思想政治教育社会资源建设具有一定的借鉴意义。针对我国社会生活的新形势、新变化和群众工作的新特点，借鉴德国政治教育的有益经验，我们认为，加强和改进大学生思想政治工作的重要前提，是切实构建与社会主义市场经济体制相适应的思想政治教育管理体制和运行机制。依托这样的管理体制和运行机制，构建我国思想政治教育资源体系，大力加强大学生思想政治教育中社会资源的开发、建设和整合。

一、社会资源的整合意义

高校教育资源是开放的，不仅需要调动学校内部的力量，也需要依靠学校外部的力量。通过借力发展和开放式办学，可以实现学校与社会资源的共享，将社会力量转化为自身的办学优势。同理，加强和改进大学生思想政治教育，不仅需要调动高校内部的力量，也需要依靠和吸收学校外部的力量。

　　吸收社会资源促进大学生思想政治教育，是大学生思想政治教育需求不断增长和社会资源谋求增值的契合点。一方面，大学生思想政治教育单靠高校自身力量和条件，难以形成最佳教育效果。另一方面，一些社会资源往往处于或限制，或空耗，或贬值等状态，有待提高利用率和进一步发挥效益。利用社会资源促进大学生思想政治教育，是对教育事业公益性的诠释。大学生思想政治教育在给受教育者带来收益的同时，通过受教育者使其他社会成员同时受益，这是教育公益性的应有之义。利用社会资源可以提高办学质量和教育品质，增加教育选择，优化教育环境。要把社会各方面的力量动员起来，把社会各方面的资源整合起来，吸收校外的多方力量参与大学生思想政治教育，使它们充分发挥作用，密切配合，以形成加强和改进大学生思想政治教育工作的强大合力。

二、社会资源的整合途径

　　我们要加强家庭、学校、社会等思想政治教育资源的整合作用，提高其运用的有效性与科学性。在思想政治教育工作实践中，要创新教育理念，精心规划和设计结构合理、相互衔接、功能互补、相互促进的全方位协调配合的社会思想政治教育资源体系。要整合社会各界的教育资源，建立大学生思想政治教育中心和若干区域中心。要研究制定挖掘和整合全社会思想政治工作资源的系列政策或条例，建立大学生思想政治教育资源整合的长效机制，促进资源整合和大学生思想政治教育的科学化、制度化和规范化。

（一）拓展大学生思想政治教育社会资源整合的途径和载体

　　第一，创新并改进思想政治教育手段，广泛整合党政部门、科研院所、大型企业、家庭等社会教育资源，构建高校、社会和家庭的合力机制，使社会各个方面充分发挥各自优势，承担具体责任，共同支持大学生思想政治教育工作。

　　第二，善于运用现代传播工具与手段并创新工作方法，注重整合现代通信手段和视听技术，通过大学生喜闻乐见的活动方式来开展思想政治教育。在社会上寻求更多、更好的教育资源，积极寻求把社会资源与校内资源结合起来的有效途径，探索新型的、开放型的大学生思想政治教育工作模式。

　　第三，构建大学生思想政治教育网络平台，建立多渠道、立体化信息收集、反馈的网络体系和预警系统，积极开展以网络为载体的教育活动，吸引大学生网民参与，形成大学生思想政治教育资源整合工作网上网下、及时有效的联动。

　　第四，统筹规划，形成相互交叉的大学生思想政治教育资源辐射源，优化各个子系统中的思想政治教育资源。例如，以学校资源为中心，整合校外图书馆、博物馆等设施，丰富校园文化，形成大学生思想政治教育资源辐射源，从而带动整个社会环境的改善。

（二）加强对家庭思想政治教育资源的整合

家庭是大学生的第一课堂，家庭教育有奠基性、感染性、针对性、社会性等特点。中共中央、国务院《关于进一步加强和改进大学生思想政治教育的意见》中明确指出："学校要探索建立与大学生家庭联系沟通的机制，相互配合对学生进行思想政治教育。"这充分体现了家庭资源在思想政治教育资源整合中的重要作用。因此，要整合和利用好家庭思想政治教育资源，充分发挥好家庭对大学生的思想政治教育功能。

（三）加强对全社会思想政治教育资源的整合

第一，拓宽工作思路。传统的资源与社会新的资源各有特点、优势，要在调查研究的基础上整合，实现优势互补。同时，要注意将各个单向的大学生思想政治教育资源联合起来，实现资源共享，使之形成教育合力。还应充分整合基础性资源并不断推进资源整合创新，如党政机关、学校课堂以其独有优势成为进行思想政治教育的主渠道和主阵地，在整合社会思想政治教育资源的过程中，要对其进行充分利用并不断创新。

第二，构建新的资源体系。创新教育理念，精心规划和设计结构合理、相互衔接、功能互补、相互促进的全方位协调配合的社会思想政治教育资源体系。这就需要整合社会各界的教育资源，建立校外思想政治教育基地、社会实践基地，聘请各界成功人士、知名校友担任客座教授、讲座教授、素质导师等。努力探索和拓展大学生思想政治教育社会资源整合的途径和载体，统筹规划，形成多个相互交叉的教育资源辐射源，把社会和各个子系统中的思想政治教育资源整合起来。例如，积极引导各类城乡基层自治组织、人民团体、社会团体、行业组织、博物馆、展览馆等支持大学生思想政治工作，以此建立大学生思想政治教育社会资源体系。

（四）争取各级党委、政府的大力支持

加强大学生思想政治教育资源体系建设，其核心首先是加强各级党委和政府对大学生思想政治工作的领导与规划。比如，思想政治工作主管部门整合中央、地方各级资源，为各级各类学校分别制定统一的思想政治课教学与考试大纲，培训各级各类学校从事思想政治教育的教师和工作者，只有经过培训并通过考试的人员，才能取得从事思想政治教育工作的资格；集中全国理论界、教育界、文化

界的力量，为学校编写权威性、针对性、时效性强的教材和教学参考资料；组织相关学科领域政治素质好、责任感强、反应敏锐、善于把最新理论成果转化为大学生思想政治教育资源的专家，及时编撰理论教育、热点问题、社会心态、社会思潮等方面系统化、通俗化的教育资料，及时为教育界、各级各类学校提供教育参考资料。

（五）跨国跨地区的大学生思想政治教育资源的整合利用

在大学生思想政治教育过程中，除了对本国、本地区、本校的思想政治教育资源进行整合与利用以外，还应积极引进其他国家和地区的特色资源。因为无论是自然资源还是社会资源，在一定的时期内都会表现出空间区域分布上的不均衡性。所以，为满足我国大学生思想政治教育的客观需要，必须打破思想政治教育资源利用上的地域界限，善于引进其他国家和地区先进的大学生思想政治教育资源，以弥补自身资源的不足。利用国外大学生思想政治教育资源，实际上是立足于一个更广阔的视野来认识思想政治教育资源的整合问题。在推动构建人类命运共同体的今天，大学生思想政治教育工作者必须放眼全球，加强各国之间思想政治教育资源的合理利用，以满足我国大学生思想政治教育发展的内在需要。当然，对待国外的思想政治教育资源，要用马克思主义的立场、观点和方法去分析，做到合理借鉴。

第三节　财务资源的整合原则与途径

大学生思想政治教育财物资源整合直接影响着高校思想政治教育发展的方向和水平。运用经济学理论对大学生思想政治教育财物资源整合进行科学分析，遵循大学生思想政治教育财物资源整合的基本原则，积极完善高等教育经费体制，是实现大学生思想政治教育财物资源最优整合的有效途径。

一、财物资源整合的含义

大学生思想政治教育财物资源的整合过程实质上就是高等教育的投资过程，包括高等教育所需各种费用如何筹措、怎样分配和如何使用。大学生思想政治教育财物资源整合可分为两个层次，即宏观整合层次和微观整合层次。宏观层次的大学生思想政治教育财物资源整合是指在国家的宏观指导和人才市场的基础导向作用下，政府行政部门如何将高等教育经费在高校之间进行有效分配，以使有限的高等教育经费流向最需要的且能取得最大效益的高校。微观层次的大学生思想政治教育财物资源整合通常是在高校内部经费总量既定的条件下，各高校如何合理组织、利用有限的经费，使之发挥最大的效益。优化大学生思想政治教育财物资源整合，实质上就是通过对高等教育经费的合理整合，使既定的、有限的高等教育经费能够使高校的思想政治教育产出达到最大值。

我们可以运用一定的经济学理论加以分析。从现有理论来看，"帕累托最优境界"和"边际效用"理论可以用于指导大学生思想政治教育财物资源的优化整合。"帕累托最优境界"认为，经济资源利用的有效程度要以生产者达到的产量使消费者满意的程度来判断。如果生产要素组合所达到的产量能使消费者得到更大的满足，而任何重新组合都只能使消费者的满足程度减小，那么，这就表明资源整合处于最有效的状态。这一理论强调了"适应"特征，可以被看作判断宏观经济资源整合是否达到最优状态的客观标准。"边际效用"理论认为，效用分为总效用和边际效用。总效用是指消费一定量的某种物品或多种物品所得到的效用总和；边际效用是指增加一个单位物品消费所得到的效用。在西方经济学中，关于效用既有边际效用递减规律，又有总效用最大化规律。边际效用递减规律指随着某种物品消费量的增加，满足程度总效用会以越来越缓慢的速度增加，但所增加效用的边际效用在递减。总效用最大化规律，其基本条件是符合等边际准则。等边际准则是在消费者收入固定或他面临的各种物品的市场价格既定的条件下，当花费在任何一种物品上的每一元钱所得到的边际效用等于花费在其他任何一种物品上的每一元钱所得到的边际效用时，该消费者就得到最佳的效用。这一理论强调了"效率"特征，可以被看作判断微观经济资源整合是否达到最佳状态的客观标准。

根据经济学"帕累托最优境界"和"边际效用"理论，我们在整合大学生思想政治教育财物资源时，应选择最优的整合方式，以使有限的财力资源实现最佳整合。这就是在总的教育经费供给有限的情况下，国家对高等教育经费投入不仅要考虑投入成本，而且要注重机会成本，应该遵循支付最小的机会成本原则，依据高等教育发展需要的重要性顺序来安排，在考虑资源的多种用途下，确定资源的使用方向及数量，尽可能将有限的财力资源投入能发挥最大效益的高校。高校在办学过程中，需要将经费投入某一方面时，不仅要看投入是否形成效用，而且要重视其边际效用。应该依据边际效用递减规律，在任何一个方面的投入都要及时将边际效用与其他方面的边际效用加以比较，并适时地将投入转向边际效用较大的其他方面，以提高有限的财力资源整合效益。总之，就是要寻找教育经济效益最大化的最适宜的质量水平，寻找最适宜质量水平下的最低教育成本，用最少的投入成本提供最好质量的教育服务，用最好的服务质量满足大学生成长成才的实际需求。

二、财物资源整合的基本原则

（一）效用最大化原则

大学生思想政治教育财物资源的整合应坚持效用最大化原则。高等教育作为一种非义务性教育，它所提供的"产品"从经济学角度讲属于"准公共产品"的范畴，它所提供的服务劳动创造了"文化性价值"，同时还创造了"经济性价值"。高等教育产品是介于公共物品和私人物品之间的一种商品，它既能给个人带来直接的效益，又能给国家带来公共收益。因此，在提供高等教育经费、整合大学生思想政治教育财物资源时，要使效用最大，其边际成本应等于私人边际收益加上社会边际收益，并以此来确定高等教育的供给，使高等教育的发展适应市场需求，避免不合理投入带来的不经济性，从而实现高等教育的效用最大化。

（二）总量增值原则

总量增值原则要求，大学生思想政治教育财物资源整合应保证思想政治教育资源的资产总量增值，教育行政部门要用整体优化的观点将所有高校作为一个系统通盘考虑、统筹规划、合理投资，保证发挥各校特长，合理整合大学生思想政治教育财物资源。高校要加强与社会的通力合作，拓宽经费渠道，并注重把握注入外生增量和盘活存量并举，使有限的经费得到有效利用，最大可能地减少费用和消灭损失。

（三）非均衡性原则

大学生思想政治教育财物资源的整合必须坚持效率与公平相结合，以效益为主，提倡合理竞争，鼓励创新与进步。在当前国家财力资源有限的情况下，不应该只考虑整体的平衡，采取"撒胡椒面"的政策，而是要加强对资源利用率高、效益好的高校或者是院系、学科的投入，重点支持，优先整合，真正使资源整合与实际效益有机统一起来。

（四）可持续性原则

大学生思想政治教育财物资源的整合既要考虑当前的发展，又要兼顾未来的发展需要。在开展高等教育活动的过程中，经费的分配和使用总是连续不断地进行着。因此，必须积极地开发高等教育资源，主动地"开源节流"，有效地进行经费的补偿与再生，从而保持大学生思想政治教育的"再生产"和"扩大再生产"，保障有限的财力资源的可持续利用，促进大学生思想政治教育事业的不断发展。

三、财物资源整合的途径

要实现大学生思想政治教育财物资源的整合，除遵循以上基本原则外，还应该从宏观和微观两个方面积极探讨其对策。

（一）重视市场经营管理理念

思想政治教育工作人员在整合经费时，应不断引进和强化市场经营管理理念，充分运用"资金流向最有效益的地方"的市场规律，根据思想政治教育学科发展的目标，将资金用于重点教学、重点项目、重大实践活动。以形成本校思想政治教育专业的优势科目、品牌项目、特色实践基地等，打造出"适销对路"、质量过硬、符合社会需求的大学生思想政治教育资源整合的"产品"，避免有限经费因整合不当而造成新的浪费。

（二）拓宽大学生思想政治教育财物资源整合的渠道

在大学生思想政治教育经费整合中，积极拓宽非财政性教育经费的来源渠道。进一步健全高校各群团组织、基金会、校友会架构，增强群团组织的创造力、凝聚力和影响力，拓宽整合资源的渠道，广泛吸纳社会资源。

例如：通过学校校友会、教育发展基金会等，开拓财源，为大学生思想政治教育社会实践、党员教育活动等争取赞助、提供具体帮助；鼓励杰出校友资助贫困生、设立奖学金；在企业设立实习基地；等等，使高校思想政治教育获得新的发展空间。

（三）坚持管理与建设并重

对大学生思想政治教育财物资源进行最科学的管理、最充分的利用，实质上就是对财物资源的最好整合。因此，在高校内部，大学生思想政治教育财物资源的整合与使用，必须坚持加强基础、保证重点、注重效益、分批建设的原则。对于重要设备、先进设施、珍贵文献、参考书籍等，可以实现资源共享，减少大家的共同投入，互相提供方便，最大限度地减少资源的冲突和消耗，避免低水平投入、重复建设的浪费。对院（系）的投入坚持学校投入与院系配套共建，使院（系）在使用经费、规划设备时更加注重合理性和精打细算，注重已有设备功能的综合配套能力，激发高校内部对大学生思想政治教育财物资源管理和建设的积极性，形成促进大学生思想政治教育可持续发展的内驱力。

第四节　时间资源的构成、特征与整合途径

整合资源也要整合时间，时间资源在大学生思想政治教育中是相当重要的资源。高校要注重思想政治教育的时间投入，追求教育效率和效能，就要优化整合思想政治教育的时间资源。时间的无限性往往导致人们忽视时间的存在，似乎时间是取之不尽、用之不竭的，这种观点是错误的。对于有生命的个体而言，时间是极为有限的。特别是社会快速发展的今天，知识更新迅速，新的科学技术要尽可能快地转化为生产力并创造巨大的社会财富，一切都离不开时间的节约和时间成本的降低。对于大学生思想政治教育而言，整合时间资源意味着对个体生命的尊重，时间是挖掘潜能、创造智慧和生产精神产品的重要土壤。因此，应该对时间成本进行计划、控制和管理，树立时间资源的价值观，把时间的统筹和管理贯穿于大学生思想政治教育的全过程。

一、时间资源的构成

时间是将人类所能感知的自然与社会的变化流逝作为认识和研究对象的资源，人们将其作为资源，是考察时间的性质、结构、形态，探究其管理和使用的一般规律，并运用掌握的这种规律去指导自己的行动，使人类的活动更有效率，从而相对延长生命长度的过程。时间不仅是一种资源，而且是一种稀缺资源。思想政治教育中时间资源的构成主要有以下三个方面。

（一）社会时势：审时度势

俗语说"时势造英雄"，指的是社会能够造就英才。换句话说，时势之所以能造英雄，是因为人能够蓄势而动，根据当时的情势，谋定而后动，方能胸有成竹。"审时度势"是古代兵家必须掌握的一种战术，只有看清形势，知己知彼，才能百战不殆。对于教育者而言，教学中若能贯穿时势的解析，做到"两耳听闻天下事"，摆脱"一心只读圣贤书"的狭隘思维，才能拓展学生的视野，使他们的发展符合社会发展的要求，能够成为全面发展的"社会人"。因此，不管在何时何处，把握时势，审时度势，是我们做好大学生思想政治教育工作各项事情的关键。

那么"时势"究竟指什么，和与其一字之差的"时事"又有什么区别呢？时势就是社会一段时间内的客观形势。上至国家、政府，下至百姓，都可以成为社

会热点问题。事件的发起者，重大的政治、经济、文化问题，社会性的体育活动，以及个别公众的特殊遭遇，只要具有典型意义或重大价值，都能够引起公众的普遍关注，使之成为社会热点问题，并由这些问题在公众中的流行，体现出当今社会和公众内心的一种势态和趋向。同时，时势也表示一件事情在如今的外在表现和发展的趋势。而时势与时事虽然有一定的关联，但是区别很大。时事表示的是当今社会上即时发生的各种社会热点问题，而时势则是通过这些热点问题的发生体现出当前的情势和趋势。

时势代表着一种态势、一种格局，它是变动的，因此对个人和集体的作用也不总是相同的。而人则应该随着社会具体情境的变化而变化，正如庄子所提出的"与时俱化"，"与时俱化"是根据具体情境的特点，选择与之相适应的行为方式。行为的这种灵活性、变通性，同时体现了人与外物、人与境遇之间的内在统一。

（二）教育时机：独辟蹊径

《论语·述而》中有言："不愤不启，不悱不发。举一隅不以三隅反，则不复也。"孔子的训导表明当受教育者处于"愤"或"悱"的状态时，教育者的启发应当如"知时节"的"好雨"一般，要抓住教育的时机。所谓教育时机是受教育者在内在准备的基础上由外部诱因引发的迫切需要某种教育的时刻。当受教育者在渴求爱护、引导和帮助之时，抑或是心理上出现矛盾激化之时，都是进行思想政治教育的好时机。这时，受教育者往往会以各种方式发出渴望关注的信号，思想政治教育者应善于通过观察学生的言行和举止，及时、准确地捕捉到教育时机，才能促进思想政治教育目标的实现。

在大学生思想政治教育的过程中，受教育者受不同时间段情绪波动和心理变化的影响，会对所收到的信息进行有选择性的接受。例如，一定的时间内，人可能对感官上接收的信息产生积极的反应，而在有些时候，则可能产生消极的反应，甚至会有抵触的情绪。此外，受教育者对信息的接受，还受原有价值观念的影响。受教育者在接受思想政治教育的时候，并不是一张"白纸"，而是在社会生活中已形成了不同层次的价值观念，而那些价值观念可能会对接受的思想政治教育信息产生干扰。在这种教育背景下，思想政治教育要通过把握教育时机，找到与大学生进行思想沟通的蹊径。

（三）教育时效：瞬间效益

"时间就是金钱""寸金难买寸光阴"等俗语从经济的角度表达时间的可贵，警示人们要珍视时间。爱因斯坦的狭义相对论揭示出时间的特性随着物质运动速度的变化而变化，同一个时钟的时间间隔性在不同的物质运动体系中也是不一样的，会随着运动速度的增加而变慢，运动的速度越快，指针的速率就变得越慢。也就是说，时间是以物质的运动速率为标准的。如人们的速率越快，单位时间中人们所做的事就越多，所拥有的时间相对也就越多。

时间是物质存在和运动的基本形式，是教育活动得以进行的必要因素，正如教育家鲍尔所说："时间是教育王国的金钱，教育需要时间，它可能而且确实是发生在时间中的任何一个瞬间的过程。"而教育时效的提出是借助经济学的原理和方法，把师生耗费于教育活动的时间视为投入的成本，把师生通过单位时间教育活动所获得的身心发展视为产出，而两者之比即教育时间效益。教育时间效益概念的提出将时间因素纳入教育的经济效益分析之中，突出了时效的重要性。

二、时间资源的特征

大学生思想政治教育时间资源具有连续性、稀缺性、专有性、不可再生性等特征。高校应准确把握这些特征，并针对目前在时间资源整合中所存在的主要问题，如思想政治理论课的课堂时间利用不充分、专业课的课堂时间育人内容匮乏、课堂外的时间资源被忽视等，探索新途径。这些新途径包括提高课堂时间效益、捕捉特殊教育时机、实现大学生思想政治教育日常化和生活化等。

大学生思想政治教育如果不整合好时间资源，也就意味着失去了未来的发展空间。只有保证一定量的时间投入和一定质的时间使用，才能保证思想政治教育具有强大的生命力和实效性。因此，各高校应组织思想政治教育工作者积极研究，掌握时间资源的性能、特点，明白该何时教育、教育多长时间、在具体的时间又该配以怎样的教育内容和方式方法等，做到科学合理地整合时间资源。

三、时间资源整合的途径

成功的大学生思想政治教育是建立在对时间的科学有效的使用上的。鉴于当前高校在大学生思想政治教育时间资源整合中存在的种种问题，高校必须更新观念、创新途径，加大对时间资源的开发力度，提高时间资源的利用效益。

（一）精心设计，最大限度提高课堂时间的育人效益

课堂是对大学生进行思想政治教育的主要场所，也占据了大学生学习、接受教育的绝大部分时间。因此，整合好所有课堂时间资源是提高大学生思想政治教育实效性的首要一步，也是关键一步。

首先，思想政治理论课教师要不断提高自身的政治理论素养和教学能力，不

断更新教学内容、创新教学方法、改善教学手段，充分把握好、利用好每一堂课，全面系统而又简明扼要、引人入胜地把马克思主义理论讲深、讲透、讲活，引起学生的共鸣、兴趣和强烈的好奇心，从而增强思想政治理论课课堂教学的吸引力和感染力，实现课堂时间效益的最大化。

其次，专业课教师要不断提高自身的认识和思想政治教育意识，树立教书育人的观念，认真履行教师的育人职能；还要努力增强本领，提高自己深入挖掘蕴含在专业课程中的思想政治教育资源的能力，结合自己所教课程的特征以及学生的特征，得心应手地把思想政治教育融入专业课程的教学之中。教师在给学生传授学科知识的同时，加强对学生进行技术伦理、科技道德、人文精神等思想观念和行为规范方面的教育，充分发挥专业课程的思想政治教育功能和渗透作用，使学生在学习科学文化知识的过程中，自觉提高思想道德修养和政治觉悟，从而实现"成才"教育与"成人"教育的有机统一，实现课堂时间利用率的成倍提升。

（二）留心观察，捕捉各种特殊的教育时机

"机不可失，时不再来。"时机对于任何工作的圆满完成都至关重要。大学生思想政治教育也应准确捕捉、选择、利用各种教育的最佳时机对学生实施教育，以取得事半功倍的效果。

首先，要及时捕捉大学生在校期间各种具有转折性或阶段性的时机。例如，大一新生入学，标志着大学生活的开始、人生成长过程中一个新的阶段的开端，也正是大学生渴求得到帮助、指引的关键时刻。高校应积极回应大学生的这种需求，充分利用这一时机开展教育。第一，组织军训，帮助大学生快速走出高考后的那种极度放松的状态，从生理、心理、思想多方面进行强化，使其在走步、整队的简单动作中，深刻体会大学生所肩负的重大历史使命，在增长国防知识的同时激发爱国热情，树立纪律意识和培养艰苦奋斗的作风。第二，实施校史校情教育，帮助大学生尽快了解、接纳自己的学校，进而热爱自己的学校，愿为学校的建设发展添砖加瓦，培养学生的高度责任感。第三，开展校规校纪教育，专门组织大学生学习大学生手册及相关的规章制度，使大学生在这些规章制度的规范约束之下，获取一定的思想政治认知，并快速实现角色转换、适应大学生活。再如，还可利用期中、期末考试前的特殊时机，开展诚信教育；利用考试后的时机召开总结会，防止骄傲情绪的滋生或悲观思想的出现；利用临近毕业的时机，开展毕业、就业指导教育，帮助学生树立正确的就业观和择业观；等等。

其次，要及时捕捉各种传统节庆日、重要历史人物或历史事件的纪念日的时

机。比如，充分利用春节、清明节、端午节、中秋节、五一劳动节、五四青年节、国庆日、"一二·九"运动纪念日、抗日战争胜利纪念日等重要节庆日和纪念日，举办主题鲜明、形式活泼的活动，让学生在体验活动的过程中，自觉自愿地接受思想政治教育。

最后，要及时捕捉国内外重大事件或突发事件发生的时机。"两耳不闻窗外事，一心只读圣贤书"的时代早已远去，当今时代的大学生思想活跃，信息灵通，他们关心时事，关注国内外发生的大事件。思想政治教育工作者应"投其所好"，针对国内外发生的大事件，在大学生中开展热烈的讨论和积极的引导，这不仅能增强思想政治教育的时代感，还能增强思想政治教育的吸引力和实效性。比如，思想政治教育工作者可以通过参与北京奥运会、上海世博会、"挑战杯"全国大学生课外学术科技作品竞赛等活动对大学生进行爱国主义教育，通过组织师生捐款捐物对大学生进行社会主义道德教育。这种教育方法比单纯进行理论灌输，往往更容易让学生接受并外化为自己的实际行动。

（三）巧妙安排，保证教育时效

首先，重视大学生思想政治教育的相对时间效益、综合时间效益。

大学生思想政治教育教学工作见效慢，它需要投入相当长的时间才能见到成效，也就是教育时效低，容易让人们对它失去耐心。然而，知识的累积永远弥补不了品德的缺憾，因此需要正视大学生思想政治教育的艰巨性和迫切性，改变急功近利的思维模式，正视思想政治教育学科实际，重视相对时间效益、综合时间效益。第一，要重视思想政治教育的相对时间效益，使这项复杂的创造性的教育活动摆脱简单耗时的机械劳动的现象。在教师的教学方式、教学态度，以及教学内容上下功夫，不做重复的道德内容的灌输，不以相同的方式反复灌输，杜绝"杀时间"的教育方式。多关注学生的学习态度、学习方式，不采取单一武断的评价方式，不忽视消极接受的学习态度，杜绝"高分低德"的现象。第二，要重视思想政治教育的综合时间效益，通过定性和定量相结合的分析方法获得全面客观的评价。人的思想观念作为一种精神因素是不能被直接测量的，但通过对人的可感的言行的观察与测定，可以推测、判断、评定其思想、观念、动机及其精神状态、特征和品质，采用语言和数量的形式进行定性或定量的转化和揭示。只有这样，才能获得尽可能准确全面的个体品德特征信息，由此来反映真实的思想政治教育的时效。

其次，培养时效观念，合理分配时间。

大学生思想政治教育工作者只有在主观上珍惜每一次教育活动的机会，才能把时间的无意义损耗降到最低限度，才能通过方法的正确选择、程序的科学安排和环节的巧妙过渡，提高教育时间的效益。一方面，思想政治教育时势、时机、时序的合理安排能促进教育时效向正方向发展。另一方面，教育者需处理好时间资源各要素与其他教育资源的关系。思想政治教育时间资源具有伴随性，并不能单独发挥作用，只有与其他教育资源，如教育内容、教育形式和教育环境等结合起来，相互渗透，才能获得理想的教育时效。此外，思想政治教育工作者以自身的人格魅力感染学生，也可减少说教时间。

最后，进行时间教育，利用好自由时间。

有研究者认为：一个人成就的大小，主要不是由他在集体活动中的表现决定的，而是由他在独处时候对待时间的态度决定的。学生对自由时间的利用，也需要思想政治教育工作者的引导，化自由时间为教育时间。教育者应将教育时机的选择、教育时序的安排延伸到自由时间中，并安排得当，这样才会取得意想不到的时间效益。为了得到较好的教育时效，可在课外举行能够传达正确价值观的讲座、辩论等，也可以鼓励学生多利用自由时间深入社会，培养自身在面对社会生活中特殊情境时的自由创造的能力，也相应地提升了思想政治教育的时效性。大学生是能动的独立主体，对大学生进行时间教育，使他们充分认识到时间的特征，养成惜时、守时、用时的好习惯。

第五节 信息资源的整合机遇与途径

信息资源，即参与大学生思想政治教育活动并有助于思想政治教育目标实现的各方面的信息组合，包括上级领导部门的目标性、政策性信息，来自教育对象和教育者自身的信息以及社会信息、理论和历史信息、国际信息等。随着经济的持续发展、科技的不断繁荣和社会的日益进步，信息化已逐步融入各行各业，融入人们的工作和生活。当人们意识到信息的巨大作用时，当信息潮水般涌来的时候，信息资源整合这一严肃而重大的课题已十分迫切地摆在我们的面前，给大学生思想政治教育工作者带来了一定的挑战。

一、网络信息处理方式带来的信息资源整合的机遇

网络信息处理的现代化和兼容性带来了大学生思想政治教育信息资源的整合机遇。传统思想政治教育主体素质开发受时间、空间、成本等客观因素限制的问

题在网络时代得到了一定程度的解决，极大减少时间、空间和交往成本的"网络虚拟社会"和网络社交形式，为思想政治教育主体素质开发提供了交流空间和网上培训平台，网络信息技术和数据库技术，使信息交流和资源共享成为现实，有利于拓宽思想政治教育主体素质的开发途径。网络信息处理的兼容性在整合网络载体和各种传媒载体的文本、图形、动画、音频、视频等信息资源方面有着巨大作用，使之既兼有印刷媒体的可保存性和可查阅性，又具备电子媒体的新鲜性和及时性。而且网络在信息存储和检索上的优势使用户可以在网上随时随地检索到任何历史信息，有助于实现思想政治教育信息利用率的最大化。因此，以网络载体为主，兼容多种载体的大学生思想政治教育信息资源的整合成为开发思想政治教育潜力的重要议题。

二、信息资源的含义

大学生思想政治教育作为一种实践活动，自始至终都离不开信息的参与。凡在思想政治教育系统中被加以利用、能减少思想政治教育不确定性的东西都是思想政治教育信息。所谓"大学生思想政治教育信息资源"，是指思想政治教育者通过一系列的认识和创造过程，采用符号形式储存在一定载体之上的、可供思想政治教育利用的全部信息的总和。其内涵可从以下几方面把握：

①大学生思想政治教育信息资源是大学生思想政治教育者在实施思想政治教育活动过程中所利用、创造的信息的集合；

②大学生思想政治教育信息资源的产生、存在和发展是为了满足思想政治教育实践活动的需要，减少教育过程中的不确定性；

③大学生思想政治教育信息资源产生、存在于社会各项活动（包括思想政治教育活动）中，并随着社会的发展和社会活动的开展而不断丰富和更新。思想政治教育是一个系统工程，思想政治教育信息资源开发作为思想政治教育系统的有机组成部分，对提高思想政治教育的实效性具有重要意义。

大学生思想政治教育信息资源是一个有机的系统，按照不同的标准可以划分成不同的类型，而按照不同的联系方式还可以形成不同的结构模型。从系统论角度看，思想政治教育过程中的每个要素都关乎思想政治教育的效果，它们既是信息的载体，也可以转化为信息本身。据此，大学生思想政治教育信息资源可划分为思想政治教育客体信息、主体信息、环境信息和介体信息。而根据信息的来源，思想政治教育信息可以分为内源信息和外源信息。内源信息源于思想政治教育系统内部，与思想政治教育决策、计划、协调直接相关，推动和控制着思想政治教育活动和管理；外源信息源于思想政治教育系统外部，对思想政治教育起到了重要的参考作用。

三、信息资源整合的途径

从总体上看，大学生思想政治教育信息资源极其丰富。但它要经过一个开发、选择、建构和整合的过程，才能形成一个富有内在逻辑的结构系统。用系统论的观点对大学生思想政治教育信息资源进行优化与整合，能为思想政治教育的决策和实施提供科学依据。

（一）大学生思想政治教育信息资源要素的完整性

大学生思想政治教育信息资源和其他系统一样，都包含着多个作为系统重要组成部分的子系统。这些子系统既是构成思想政治教育信息资源的要素，又是由低一层次的、更小的要素组成的。思想政治教育信息资源包含的内容非常广泛，涉及教育过程中的方方面面。在大学生思想政治教育信息资源开发中，只强调某一方面信息资源的开发是不可行的。因此，在整合思想政治教育信息资源时，首先要坚持开发信息的完整性，注重全面开发主体信息、客体信息、介体信息、环境信息等各方面的资源。同时，每个要素又是一个子系统，包含了更多的要素，如思想政治教育介体信息，包括思想政治教育内容、方法等方面。思想政治教育内容方面的信息是由政治教育信息、思想教育信息、道德教育信息、心理教育信息等构成的。在坚持思想政治教育信息资源要素完整的同时，应深入分析和了解每个信息子系统或要素的基本状况，对其好坏优劣有个基本判断和把握，不断完善思想政治教育信息系统的要素。

（二）大学生思想政治教育信息资源结构的协调统一

信息系统中各种思想政治教育信息资源不是偶然堆积、任意选择的，思想政治教育信息系统作用的发挥，不仅取决于它由什么样的要素构成，还取决于系统的结构，取决于思想政治教育信息系统内部诸要素的相互作用、联系的方式。作为思想政治教育者，要对大学生思想政治教育信息资源的内容进行合理配置，要从总体上加以协调统一，把内部结构方式调整到最佳状态，形成一个组合有序的和谐布局，使之发挥最大的整体功能。具体而言，要根据社会发展的需求和受教育者自身发展的需求，在教育的过程中及时调整思想政治教育信息资源开发的重点，有效地组合不同类型、不同性质的思想政治教育信息资源，使主体信息、客体信息、介体信息、环境信息有效结合，以增强大学生思想政治教育的针对性。

例如：在教育内容方面，横向上，始终以政治教育为主导，以理想信念教育为核心，把思想教育、政治教育、道德教育、心理教育四大子系统组合成完善的思想政治教育信息体系；纵向上，要立足现实，与时俱进，借鉴历史，面向未来，不断开发、丰富、组合思想政治教育信息资源，以提高思想政治教育信息资源的科学性。

（三）将"物联网"技术融入大学生思想政治教育信息资源整合中

物联网是指物品通过各种信息传感设备如射频识别、红外感应器、全球定位系统、激光扫描器等，按约定的协议，把物品与互联网连接起来，进行信息交换和通信，以实现智能化识别、定位、跟踪、监控和管理的一种网络。其目的是让所有的物品都与网络连接在一起，方便识别和管理。物联网技术的发展推动着人类社会生活方式的变化，许多高校已将它运用到了大学生思想政治教育资源整合中。它将创新网络思想政治教育的服务功能，促进网络思想政治教育资源整合和环境建设，并将变革教育模式和学习模式。

在物联网中，资源池被称为"云"。"云"是一些可以自我维护和管理的虚拟资源，通常是一些大型服务器集群。在服务器上通过运行专门的软件实现自动管理。用户可以动态申请资源，支持各种应用程序的运转，无须为烦琐的操作细节而烦恼。利用"云"计算服务，教育者可以隐性地对大学生进行价值观的教育与引导。物联网环境下的网络思想政治教育将整合海量而零碎的国内外思想政治教育网络资源，受教育者可以根据自己的需求，通过轻松的鼠标点击，向资源库申请各项服务。

可以说，大学生思想政治教育的信息资源是取之不尽、用之不竭的，还有许多教育资源有待于我们研究、发掘和整合。当前，我们要站在时代、战略和历史的高度，本着对学生、对社会负责的态度，广泛开展研究和调查，采取积极有效的办法，加强对大学生思想政治教育资源的整合、开发和利用，努力发掘和整合更为广泛的思想政治教育资源，形成校内和校外的合力、现实和虚拟的合力，使大学生思想政治工作真正做到与时代同步伐、与祖国共命运、与人民齐奋斗，真正完成神圣的育人使命。

第五章　高校思想政治教育的理念

21 世纪的国际竞争是科技的竞争、知识的竞争，而竞争的焦点是人才资源的数量和质量，其关键在教育。在新世纪、新经济、科学技术突飞猛进的今天，培养大量的适应知识经济时代要求的专门人才，是教育界的重要职责，更是高校思想政治教育工作者的职责，因此，要不断创新高校思想政治教育理念，紧跟时代的发展。

第一节　以人为本理念

以人为本，是指在思想政治教育工作实践中，高校各级领导干部和思想政治教育工作者，在制定规章制度、改进传统工作方法的同时，要坚持一切从大学生的合理需要、个性发展出发，调动和激发大学生学习的积极性，以德、智、体、美、劳的全面发展为目的的一种理念。

一、以人为本是思想政治教育的时代要求

（一）社会主义市场经济条件对思想政治教育的人本要求

市场经济是一种高效的经济运行方式，且是社会发展不可逾越的历史阶段，它推动了人类社会生活的革命性变化，并从更根本、更广阔的意义上促进了人的发展。由计划经济向社会主义市场经济的体制转型是我国社会转型发展的根本标志，在这一过程当中，人的经济活动方式与经济交往关系发生了根本变化，并使得其他一切活动及其关系随之发生相应的深刻改变。社会整体结构发生改变，而身处一定社会结构与社会关系中的人，其生存方式、发展方式、内在品格更是发生了深刻的变化。

我国社会主义市场经济体制的发展，由于历史的原因、观念层面的影响而走过了曲折历程。从 1978 年"计划经济和市场经济相结合"说法的提出；到

1982 年"以计划经济为主，以市场经济为辅"原则的确立；到 1987 年的"计划与市场内在统一"新体制的建构；再到 1992 年"建立社会主义市场经济体制"发展目标的正式明确，一直到现在，我国社会主义市场经济体制的建设仍然在不断完善。社会主义市场经济在新时代的发展和完善无疑会给中国社会的发展、人的发展带来强大的冲击，广泛的现代性发展元素，为人的发展的根本性现代转型奠定了坚实的现实基础。

在人的生成与发展的历史视野中，市场经济体制是人们之间相互结合的一种社会关系的特殊表现形式，与计划经济的经济形式所不同的是，市场经济在其特殊的运作过程中推动了个体主体地位的生成和巩固，因而市场经济以独立的个体为活动的主体和利益的本体，是个体独立自主活动的社会交往形式。推动个人走向独立，促使个体形成独立的人格，在此基础上进一步推进人的自主性发展，这是人学视野中市场经济发展最为根本的意义。所谓独立的个体，"他应当是具有自立（能力）、自主（意志）、自律（素质）和自由（状态）性质的个人，即普遍具有独立人格的人"。

社会主义市场经济体制下孕育出的人的独立性、自主性，最初表现在经济领域，并由实践活动领域向主观意识领域进一步强化，促使人深层次的主体自我意识、平等竞争意识、独立自主意识、责任意识的发展。观念意识层面的这种深层次的变化又将推动着人的自主的实践、选择活动由经济领域延伸至社会活动的方方面面，并超越经济活动主体的范围而使更普遍意义上的人的思维方式、实践方式、发展方式发生历史性的变化，从意识内化和行为外化两个层面真正促使普遍意义上的独立个体在市场经济体制条件下的生成和发展。

社会主义市场经济体制不断深化发展，各项制度、规则日益完善，一方面在社会发展的各个领域营造出公平竞争、自主抉择、自担责任的权责分明的发展环境；另一方面在最广泛的层面上促进了独立个人在我国的生成与发展，不仅仅是在市场行为当中，在一切社会活动当中，独立的个人都有以主体的身份自主选择和自主发展的客观要求。因此，尊重人的独立性、自主性，给予人更广阔的自由空间与更全面的自主选择机会，这是市场经济发展对人才培养所提出的基本要求。随着社会主义市场经济体制的深化发展，为适应市场经济对人的发展要求，满足市场经济独立主体自主、公平参与竞争的发展需要，教育要逐步走向市场，人才培养模式也要打破计划经济体制之下，无视学生的主体性、自主性的"包办式"的教育管理模式，逐步建立起学生自主参与、自主管理的发展模式。从专业发展方向，到教育内容、方式的选择；从生活、学习方面的自主管理，到就业及未来发展方向的自主取向，自主型的教育管理模式把学生视为独立的主体，赋予了他们更多的自主权、选择权、自由权。

（二）文化多元化对思想政治教育的人本需要

文化是人的本质、人的发展的体现。人是文明与文化的最终目的，文化则是人与文明的丰富内容与存在方式，人及其文明的丰富性、多样性和整体性，都是以文化的方式形成和存在的。我国的改革开放为多元文化的交汇融合提供了前提条件。发展过程当中开放程度与广度的拓宽，市场化改革的全方位深入，特别是中国加入 WTO，都表明我国的发展逐步步入国际化的轨道，多元文化并存发展是不可回避的历史趋势。多元文化是一把"双刃剑"，它一方面促进了世界文化的平等对话与交流，文化的多样性与差异性为社会的发展、人的发展提供了更丰富的资源，开创了更广阔的空间，对文化、社会和人本身有着积极的不可替代的作用。另一方面，多元文化必然对主导文化构成某种程度的威胁，多元文化的冲突与纷争实质上体现了代表不同文化内核的价值观念的矛盾与对立，它在一定程度上对文化的发展、社会的发展、人的发展是一种离心力，有着削弱主导文化、民族文化凝聚力的负面影响。因此，在多元文化并存发展的时代更加需要以科学的方式和手段强化主导文化的指导地位，坚持文化多样化发展与文化一元化主导的辩证统一。

文化的发展凝结着人的发展，文化发展的过程实际上就是人的本质力量提升，人的自我发展、完善的过程。真正的文化代表着人的一种独特的生活方式，有着独特的地位与价值内核，它们通过器物形态、制度形态尤其是观念形态一代一代地传承。随着经济全球化的不断发展，社会生产力水平不断提高，科技和文化日益强盛，不同地域之间文化相互交流的机会日渐增多，异质文化间的碰撞、交流、冲突、融合已然成势，蔚为壮观。文化多元化已经成为并越来越成为开展大学生思想政治教育必须面对的客观现实。多元文化的并存发展赋予了人更自主的文化取向权，让人的生存状态更自由、更完善，生活空间更广阔，但是这些正向效应的取得必须以坚持主导文化的指导地位为前提和基础，以个体相当程度的理性判断和选择能力的发展为条件；多元文化的自由与开放反过来又为主导文化的发展注入了活力与动力，为人的判断与选择能力的提升提供了有利的契机。

每一种文化都是特定文明的历史积淀，都有其合理性的价值内核与独特的文化魅力，但也有其不可避免的局限性。只有在个体理性地洞察多元文化的内在本质，做出合理的文化价值取向的基础上，才能够积极地参与文化的创造与发展，融合多元文化之精髓及合理内核，真正推动社会主义先进文化的建设和发展。

（三）政治民主化发展对思想政治教育的人本诉求

政治是一定阶级、阶层的利益关系的集中体现，经济领域的独立人格必将向政治领域衍化。在市场体制下，每个人都是利益主体，都具有独立自主性，因而必然要求打破与计划经济发展模式相吻合的高度集权的政治运行模式，建立民主化、法治化，参与渠道通畅、有序的政治发展形式。

政治的民主化进程必然内含着法治化的过程，民主与法治的有效结合是促使人类获得自由和尊严的必要的条件。在社会主义建设的发展实践当中，社会主义法治建设作为社会主义民主的前提条件和基本保障而得到重视和有效的推进。政治民主化是人类文明发展、进步的结晶，它与人的生存、发展有着紧密的联系，它对人的现代发展具有重要的价值和意义。首先，民主化的发展既从制度层面确认与保障了人的正当、合理的政治参与，同时又从意识层面极大地提升了人的自主参与意识，而广泛的、自主的参与是促使人增强主体性、提高素质的有效途径。其次，民主化的发展既从制度层面确认与保障了人所享有的广泛的权利，同时又从意识层面极大地提升了人的权利意识，而人的权利乃人的发展之要义，人的发展过程在一定意义上就是追求、占有、实现权利的过程。

人本思想政治教育是与当代社会民主权的发展高度契合，既强调教育者的主导地位，又充分发挥学生的主体性；既强调理论认识的基础性，又注重实践养成的必要性的思想政治教育模式。

总的来说，人本思想政治教育，是以学生为本位，充分尊重学生的主体地位，充分发挥学生的自觉能动性，以学生的实际为教育的出发点，以学生的全面发展为教育的根本目的的思想政治教育模式。思想政治教育人本化，是当今时代发展的必然性要求。当代中国经济、政治、文化等领域的发展推动着人本思想政治教育的发展，是思想政治教育人本化的客观依据与现实基础。市场经济体制的完善促使当代大学生增强独立自主性，呼唤思想政治教育的人本化。政治的民主化赋予当代大学生广泛的民主权利，要求思想政治教育的人本化。文化的多样化赋予当代大学生自主的文化选择权，需要思想政治教育的人本化。社会的信息化赋予当代大学生自主的信息选择权，推动思想政治教育的人本化。

二、以人为本，实现大学生的基础发展和理想发展的结合

第一，实现科学性与价值性相统一。在理想信念教育中，不仅强调其科学性，以真理的力量去开启学生的接受之门，而且要突出其价值性，对于学生所关注的问题，大道理要讲通讲透，小道理要讲深讲细，使其切实认识到理想信念教育对大学生成才的价值所在。

第二，注重发挥情感教育的作用。在理想教育方面，不仅要传播理论观点、思想体系，进行理性教育，更要激发情感和热情，进行情感教育，帮助大学生树立远大崇高的理想信念，并珍惜、信奉、神往、追求之。同时，在面对复杂多变的现实世界，在面对现实和理想的差距时，能坚定信念，执着追求。

三、坚持"以学生为本"，德法兼治

大学生思想政治教育"以学生为本"，就是在对大学生的教育、服务和管理中，紧紧围绕大学生成长成才这个中心，承认并尊重大学生的主体地位，把满足大学生的成长成才需要作为大学生思想政治教育的价值取向，把促进大学生的全面发展作为高校工作的出发点和归宿。落实到具体实践中，就是在各项思想政治教育活动中不断发展并维持、确证大学生主体地位的自觉性、自主性和能动性。

第一，思想政治教育有其自身的性质、目标、特定对象和独特方法，这些要素及其相互关系构成了思想政治教育的基本规律。思想政治教育要以党的中心任务为宗旨，立足于大学生的身心发展特点，体现大学生的主体地位，发挥大学生的主体作用；要依靠大学生思想政治教育工作者、大学生党员和大学生干部，认真抓好班级建设、社团建设、公寓建设和校园文化建设；要以校风、学风、作风建设为龙头，以大学生活动为载体，搭建大学生成长平台，促进大学生成才与实现其个人价值等。

第二，从管理方式上来讲，大学生思想政治教育要坚持德法兼治的管理模式。高校应该坚持以规章制度为基础，强化道德的约束力，为大学生的和谐发展打下良好的基础。党和国家的教育方针要求高校培养德、智、体、美、劳全面发展的社会主义建设者和接班人。根据这个培养目标，在大学生思想政治教育中应该坚持以德育为首，依靠思想政治教育工作者的高尚品德感化人。同时，还要能用德治打造校园文化环境，形成优良的校风。

第二节　改革创新理念

从大学生思想政治教育的发展来看，创新性是思想政治工作的生机所在，随着形势的不断发展变化，将对思想政治工作不断提出新的更高的要求。求得实效是开展大学生思想政治教育的最后归宿，是衡量思想政治工作成功与否的关键环节。只有不断增强思想政治工作的针对性、系统性和创新性，大学生思想政治教育才能具有强大的生机与活力，发挥更大的作用。

一、坚持改革创新理念的现实要求

大学生思想政治教育是引领学生的思想行为、社会的精神风尚和发展方向的灵魂，是关系社会稳定与国家兴衰成败的决定性因素。青年大学生正处于人生观、价值观形成的关键时期，具有较大的可塑性；他们接受新鲜事物的能力很强，但鉴别力明显欠缺。赢得青年就赢得未来，在时代变革的条件下，坚持改革创新理念具有鲜明的时代意义和深远的现实意义。

（一）坚持改革创新理念是社会主义事业健康发展的战略工程

一个国家、一个民族、一个个人的生活都是在一定的价值观的指导下进行的，价值观存在于人们的思想中、存在于人们的观念中，它影响着人们的思想意识、道德评价、价值取向和实践行动。随着社会经济结构的深刻变化，社会利益关系更为复杂，新情况、新问题层出不穷，新的社会矛盾的产生和出现对我国社会发展产生非常重要的影响。同时，在经济全球化的形势下，在多种文化、多种价值观念激烈碰撞的时代，如何武装大学生的头脑，教育、引导他们树立正确的世界观、人生观和价值观，增强社会责任感和为中华民族伟大复兴而勤奋学习的使命感，把大学生培养成为党和人民需要的合格人才，这是高校大学生思想政治教育必须创新的时代重大课题。

（二）坚持改革创新理念是大学生健康成长的前提

培养人才是高校的首要任务，也是教育的立身之本。随着经济全球化的快速发展以及知识经济、网络化时代的来临，社会对高校培养的人才素质的要求日益提高，强调学生要有良好的知识结构与创新能力成为全社会的呼声。然而，高校培养的人才要适应社会的要求，就必须高度重视对大学生进行思想政治教育，因为任何人才的良好知识结构的形成和创新能力的培养与发展都必须由一定的思想道德和价值承担。人才的创新必须依靠对促进社会发展、社会进步具有积极意义的新事物、新理论。也就是说，任何创新活动都绝不能偏离政治和道德的准则，否则，所谓的创新就只能给社会和人类带来混乱和灾难。

二、改革创新理念要坚持的原则

原则是指导人们的认识、思想、言论和行为的规定或准则，它是人们认识客观事物及其规律并在社会实践中对客观事物及其规律进行揭示的结果。恩格斯指出："原则不是研究的出发点，而是它的最终结果；这些原则不是被应用于自然界和人类历史，而是从它们中抽象出来的；不是自然界和人类去适应原则，而是原则只有在适合于自然界和历史的情况下才是正确的。"思想政治教育者在思想政治教育创新理念过程中也应当遵循一定的原则，这些原则是教育者从思想政治教育创新理念的具体实践中抽象得到的结果，是教育者在思想政治教育创新理念时必须遵循的规定和准则。

（一）方向性原则

方向性原则是指大学生思想政治教育工作的全部活动要始终与社会发展的要求相一致，坚持正确的政治方向不动摇。

要在大学生思想政治教育改革创新过程中坚持社会主义方向，首先，必须始终坚持以马克思列宁主义、毛泽东思想、邓小平理论、"三个代表"重要思想、科学发展观、习近平新时代中国特色社会主义思想为指导。马克思主义理论正确地反映了自然、社会和人类社会发展的客观规律，集中地代表了无产阶级和人民群众的根本利益。其次，提高贯彻思想政治教育方向性原则的自觉性。《邓小平文选》第三卷中指出："我们干的是社会主义事业，最终目的是实现共产主义。这一点，我希望宣传方面任何时候都不要忽略。"作为以培育"四有"新人为己任的大学生思想政治教育，更要始终牢记这一点。要使大学生思想政治教育工作者认识到，坚持思想政治教育的共产主义方向，是有效开展大学生思想政治教育活动的根本保证，因而在实际工作中要自觉运用这一原则，将其精神贯穿在具体的思想政治教育的活动中。同时，也要帮助大学生认识到，坚持正确的政治方向，有利于个人的全面发展，有利于政治与业务的统一，有利于红与专的统一，有利于德与才的统一，因而坚持向共产主义方向前进。最后，贯彻方向性原则须讲究科学性。要很好地贯彻方向性原则，就必须将坚定的原则性与方法的灵活性结合起来，努力使大学生思想政治教育工作自然地渗透到社会生活的方方面面，从而潜移默化地影响人。要努力探寻方向性原则与思想政治教育具体目标之间的契合点，并以方向原则统摄各种具体目标，使共产主义方向成为大学生思想政治教育的灵魂。

（二）求实原则

求实原则是指大学生思想政治教育工作创新要始终坚持理论联系实际，一切从实际出发，实事求是的思想路线和原则。

所谓理论联系实际，包含两层含义：一是要掌握大学生思想政治教育工作的相关理论。大学生思想政治教育理论是从事大学生思想政治教育工作的重要指导，能为相关工作提供有效的方法。因此，我们必须全面地、系统地、准确地掌握大学生思想政治教育理论。二是要从实际出发，实事求是。理论只有面向实践、指导实践、接受实践检验并随实践发展，才富有强大的生命力和战斗力。要做到理论和实际相结合，必须坚持实事求是。大学生思想政治教育工作一定要坚持和发扬理论和实际相结合的原则和作风，反对理论和实际相脱离。

求实原则的贯彻实施要注意以下三点。

第一，自觉学习马克思主义理论。马克思列宁主义、毛泽东思想、邓小平理论、"三个代表"重要思想、科学发展观、习近平新时代中国特色社会主义思想是党认识世界、改造世界的强大思想武器，加强对马克思主义理论的学习，有助于人们树立科学的世界观、人生观和价值观，抵制错误的思想和潮流。因此，要自觉加强对马克思主义理论的学习。

第二，一切从实际出发。一切从实际出发就是要坚持主观与客观、主体与客体的统一，按照实际的真实情况，制定不同的工作目标，选择恰当的方法。随着我国改革开放和市场经济的发展，大学生思想的差异性逐渐增强，要求教育者从现实出发，根据每个大学生的自身特点和所处的社会环境，以及引发问题的各种因素去做具体分析，找出原因和内在机制，制定出符合实际的教育方案和可操作的措施，帮助和指导大学生提高认识，锻炼能力。

第三，按照正确解决问题的步骤来办事。为了在大学生思想政治教育工作中坚持求实原则，就必须按照及时发现问题、确实弄清问题、正确解决问题的三个步骤来办事。要做到及时发现问题，就要做到善于调查研究，准确观察和分析问题，正视矛盾，不回避矛盾。发现思想问题和实际问题贵在及时，这样就能掌握思想政治教育的主动权。要做到确实弄清问题，就要在发现工作中存在的实际问题后，善于分析、研究和核实，抓住问题的核心，不为假象所蒙蔽。要做到正确解决问题，就要在弄清实际问题后，及时联系相关人员，运用相关理论，实事求是地解决问题。要综合处理问题，大学生思想政治教育工作者要认识到思想问题往往是由实际问题产生的，而实际问题背后往往隐藏不同程度的实际问题。

（三）继承优良传统与改进创新相结合原则

坚持继承优良传统与改进创新相结合，是党的思想政治工作的优良传统，也是大学生思想政治教育工作机制创新的一个重要原则。在大学生思想政治教育过程中坚持继承优良传统与改进创新相结合的原则需做到以下两点。

1. 正确认识继承与创新的关系

继承是创新的前提，创新是最好的继承。继承与创新是相互联系、相互影响、相互作用的。大学生思想政治教育必须坚持继承与创新相统一，在继承以往传统经验的基础上，大学生思想政治教育观念、思路、内容、形式、方法、手段、载体以及机制等方面都要锐意创新和改进，开阔大学生思想政治教育的新视野，达到新高度。加强和改进大学生思想政治教育，必须与时俱进，充分体现时代性。

2. 对原有的工作观念、思路、方法、程序、作风和内容要"扬弃"

我国大学生思想政治教育在长期的发展历程中，累积了许多行之有效的经验和方法。这是大学生思想政治工作的宝贵财富。但是，当今的教育环境在许多方面已不同于以前，这就要求我们必须解放思想、与时俱进，积极大胆地进行创新，对原有的工作观念、思路、方法、程序、作风和内容要认真进行一番甄别和比较，进行适当的"扬弃"。在当前，关键的问题是要坚持历史与现实的统一，紧密联系新情况、新特点，在新的更高的层次上去继承并发扬大学生思想政治工作的优良传统，使大学生思想政治工作在继承传统的基础上，在观念、内容、机制、途径与方法等方面有新的改进和创新，使大学生思想政治工作贴近学生、贴近生活、贴近实际，不断增强思想政治工作的针对性、实效性，发挥出大学生思想政治工作的威力。

三、改革创新理念要培养的三种意识

（一）培养马克思主义主导意识

高校是现代科学文化知识传播的基地，也是培育现代化建设人才和社会主义事业接班人的摇篮。青年大学生正处在储备知识、积蓄能量的黄金阶段，也是理想、信念、世界观、人生观和价值观形成的关键阶段。巩固马克思主义在高校意识形态领域里的主导地位，是高校思想政治工作的一项中心任务。随着改革开放的深入和社会主义市场经济的发展，社会思想、价值观念日益多样化，人们思想活动的独立性、选择性、多变性、差异性明显增强，各种思想文化相互交融激荡的趋势进一步加强，意识形态领域的矛盾和斗争显得更加错综复杂，致使马克思主义在意识形态领域的主导地位受到了前所未有的挑战。西方国家对中国长期推行"分化图谋"和"和平演变战略"，使高校成为西方国家争夺的重点领域。这一切充分证明，在我国高校巩固马克思主义在意识形态领域里的主导地位，进一步强化当代大学生头脑中马克思主义的主导意识具有特殊的重要性和紧迫性。

培养马克思主义主导意识要求我们：一是处理好意识形态领域中"主流"与"支流"、"一元"与"多元"、继承与创新、统一思想与"百家争鸣"、吸收借鉴与防止"渗透、西化"的关系，牢牢掌握意识形态工作话语权、主动权和主导权；二是旗帜鲜明、持之以恒地建设社会主义核心价值体系，培育社会主义意识形态领域的科学内核；三是进一步推进马克思主义中国化进程，切实增强马克思主义在意识形态领域的吸引力和凝聚力；四是加强党的建设，提高引领社会思潮的本领和能力，包括鉴别力、吸纳力、创造力和抵制力。对非马克思主义社会思潮，可以并存；对反马克思主义思潮，则要坚决抵制和斗争。

（二）树立全球意识或国际意识

全球意识或国际意识是相对民族意识而言的，是指国民对跨国事务或国际事务的认识、了解，是人们世界观的一种体现，表现为一个国家的公民或者社会团体在看待本国与他国的交往、本国与他国之间关系的发展及整个国际形势发展状况时所表现出来的敏锐度、关注度及其了解的深度。全球意识或国际意识不仅是一种思想认识，而且是一种情感和价值取向。能否用开放的心态，平等、公正、宽容地对待和尊重世界各国、各地区、各民族的文化传统，能否积极、平和、理性地参与国际活动，是否具有国际竞争的高品质思维能力，这些要素是构成全球意识或国际意识的重要内容。

培养国际意识或全球意识是当前思想政治教育创新的新主题。培养国际意识或全球意识有助于调整思想政治教育理念，与时俱进地完善培养目标，及时变革教学内容，进一步深化思想政治教育教学改革。

培养国际意识或全球意识对于加快中国走向世界、世界走向中国的步伐，继续坚持对外开放的基本国策具有重要意义。具有国际意识或全球意识的高素质人才支撑是继续坚持对外开放的重要保证。

培养国际意识或全球意识，一是要培养执着关注全球问题的精神；二是要培养观察分析问题时的国际视野，既要立足中国看世界，也要站在世界看中国；三是要培养解决问题时的宏观思维，既要学习借鉴外国经验，又不能崇洋媚外；四是要培养遵守国际通行的基本规则的习惯。

（三）强化现代意识

思想是行动的先导，思想的闪电一旦贯穿人们的头脑，就会激发出强大的驱动力和创造力。我们生活在现代社会，生活在充满希望和挑战的 21 世纪，世界新的科技革命风起云涌，经济全球化进程大大加速，现代化浪潮席卷全球，低碳经济、知识经济正在深刻地影响我们的生产方式和生活方式，全世界正在进行经济发展方式的深刻变革。我们的思想意识必须紧跟时代，具有鲜明的时代气息。现代意识是现代人必须具备的思想意识。何为现代意识，学术界目前尚无一致看法。我们认为现代意识必须包括两方面的内涵：第一，体现时代性。现代意识是动态的，是变化发展、与时俱进的思想意识，是反映时代发展、社会进步和培养高素质创新人才的需要。第二，具有进步性。现代意识是与传统意识相对应的，必须有利于促进社会生产力的发展。现代意识是适应市场经济发展要求、反映知识经济和低碳经济发展潮流的思想观念和意识，包括效能意识、资源意识、环保意识、科技意识、创新意识、金融意识等。强化现代意识，必须以科学发展观为统领。大学生思想政治教育要坚持科学发展观的指导，必须坚持以人为本的思想，转变教育思想和教育观念，重视学生的主体性地位，把实现学生全面发展、满足学生成长成才的需要定位为思想政治教育的目标。坚持全面发展的思想，处理好理论学习与社会实践的关系，促进学生身体、心理、科学文化以及思想政治素质全面发展。坚持协调发展的思想，协调好环境与育人的关系，牢固树立全员育人、全方位育人、全过程育人的观念。坚持可持续发展的思想，建立健全科学、合理的大学生思想政治教育机制，形成德与智统一、教与育统一、校内外统一、传统与时代统一的思想政治教育新格局。坚持统筹兼顾的思想，全面管理各类思想政治教育资源，努力建设和谐校园。

第三节　全面发展理念

人的全面发展问题，是一切工作的中心问题。这个方面解决得好与坏，直接关系到经济社会发展的全局。大学生思想政治工作承载着培养社会主义合格建设者和可靠接班人的历史重任，是造福千家万户的民心工程，必须以人的全面发展为基本理念。马克思关于人的全面发展的含义及内容在第二章已有论述，在此不再赘述。

一、思想政治教育与人的全面发展的关系

思想政治教育的功能在于使受教育者具备坚定的政治立场和积极的政治态度，具有科学的思维方式和正确的指导思想，具有和谐的社会关系，具有良好的道德修养和道德习惯，具有广泛的兴趣、合理的知识结构、完善的人格。加强思想政治教育，提高人民素质，既是人的全面发展的内在要求，也是人的全面发展的有效手段。

（一）思想政治教育保障了人的全面发展

人人都有精神需要和精神追求，但不同的人有不同的精神需要和追求。高尚的思想或精神可以把人引向健康、进步的方向，没落的思想或精神可以把人引到错误的人生之路。所以，问题不在于人要不要追求全面发展，而是人如何沿着正确的道路来实现全面发展。高校思想政治教育的一个重要价值就是为每个人的全面发展提供正确的发展方向和思想保障，以促进每一个人自由而全面的发展。

思想政治教育对促进人的全面发展具有保障作用是通过以下几个方面来实现的：一是思想一致性。思想一致性是联系思想实际和工作实际，在思想动机、思想方法上取得统一的程度。二是政治共识性。政治共识就是要结合社会发展和人们发展的目标取向和根本利益，通过教育、讨论，在政治方向、政治原则上形成认同，达成共识，消除政治上的分歧与偏向。三是行动统一性。行动统一性就是在政治共识、思想统一的基础上，明确行为规范。在新的历史条件下，不同的文化在相互激荡与冲突，新旧体制和观念在碰撞，人们的利益关系在调整，社会各阶层之间、各团体之间、各种类型的人群之间，以及人们相互之间，其经济关系、利益关系相对复杂和突出。合理调解、调整、调节好经济关系、利益关系，是协调人们之间的互相关系，平衡人们思想认识的主要内容。因而，高校思想政治教育要发挥协调功能，促进社会发展。随着社会主义民主政治建设的推进，人们的自主性也在增强，但现代社会发展又向人们提出社会化的更高要求。为了有效解决自主性与社会化的矛盾，避免个人中心主义倾向，高校思想政治教育需要在各类人群之间、在人们相互之间进行情感、思想的疏通，进行工作和行为的配合，使之相互沟通和理解，加强联系与合作，这就需要发挥高校思想政治教育的沟通功能。

（二）思想政治教育激励了人的全面发展

任何社会群体在他们的自身发展中都需要精神动力。邓小平在1984年第二次会见中日民间人士会议日方委员会代表团时说："如果我们不是马克思主义者，没有对马克思主义的充分信仰，或者不是把马克思主义同中国自己的实际相结合，走自己的道路，中国革命就搞不成功，中国现在还会是四分五裂，没有独立，也没有统一。对马克思主义的信仰，是中国革命胜利的一种精神动力。"可见，精神动力对国家、民族、个人的重要性，对国家的强盛、民族的团结、社会的和谐、个人的成长不可或缺。

思想政治教育从内容上来说，使人们普遍接受马克思主义理论，为人们提供科学的理论指南，帮助人们树立正确的世界观、人生观和价值观；从形式上讲，就是通过思想引导来做人们的思想转化工作，使其掌握正确的立场、观点和方法，不断提高认识世界的能力；从一般目的上来说，高校思想政治教育就是通过思想引导、行为引导和价值引导，使人们普遍选择当前主流社会所提倡和要求的价值取向；从最终目标上来说，就是为促进现实中每一个人的全面发展，提供各种各样的精神动力。

二、推动大学生全面发展的路径选择

促进人的全面发展，是马克思主义关于建设社会主义新社会的本质要求；推动当代大学生的全面发展和健康成长，是大学生思想政治教育的题中应有之义。在新的历史条件下，大学生思想政治教育必须以大学生的全面发展为根本目标，深入进行素质教育，以提升大学生的思想道德素质为核心，全面培养他们的综合素质和能力，使大学生学会做人、学会学习、学会做事；积极推进通识教育，密切关注人的精神世界的建构，促进人的精神生活质量的逐步提升；大力培育大学生的人文精神和科学精神，积极营造他们求真、向善、达美的良好氛围，引导当代大学生努力成长为思想道德素质、科学文化素质和身心健康素质全面协调可持续发展的中国特色社会主义事业的合格建设者和可靠接班人。人性的复杂性和人的需要的复杂性决定了人的发展必然具有多方面的内容，也决定了人的发展是逐步走向自由全面的永恒追求的过程。人的全面发展是马克思和恩格斯未来理想社会的重要特征。

（一）注重素质教育，实现大学生综合素质的全面发展

素质教育是以促进人的德、智、体、美、劳全面发展为根本目标，培养和造就具有独立性、自主性、实践性、能动性和创造性等优良品格的个体的一种育人

模式。素质教育能够为人的全面发展提供主体基础、物质基础和强大的精神动力。大学生思想政治教育要秉承素质教育的理念，深入细致地开展素质教育，着重加强大学生做人的教育、做学问的教育和做事的教育，真正地增强大学生的学习能力和实践动手能力。当前条件下，科学技术高度综合，学科交叉日渐明朗，从客观上要求大学生综合素质和创新能力的提高。据此，国际 21 世纪教育委员会提出了未来教育的四大支柱，即学会认知、学会做事、学会共处和学会做人。大学生思想政治教育要以深入进行素质教育为契机，以提升大学生的思想道德素质为核心，全面推动大学生综合素质与创新能力的逐步提升。青年大学生是未来社会的主人，必须按照社会发展对未来人才的要求来指导自己，前瞻性地提升自我的综合创新能力，培养未来社会所需要的多方面的素质。

（二）注重通识教育，实现大学生精神世界的科学建构

在新的历史条件下，随着人们物质生活水平的提高，人们的精神生活需要日益凸显。从国际背景来看，各种文化相互激荡，文化多样化、价值冲突、伦理道德标准的不一致、生活方式的多样化等充斥着大学生的头脑，网络信息大量涌入。从国内形势来看，改革开放以来，我国社会经济成分、组织形式、就业方式、利益关系和分配方式日益多样化，人们思想活动的独立性、选择性、多变性和差异性日益增强。精神世界的建构对于一个人的成长具有更为重要的意义，关注人的精神世界与促进人的全面发展具有内在相关性。

人的精神世界是人独特的生存方式，关注人的内在精神是世界历史发展的趋势，是现实社会的呼唤，只有不断地丰富和强大人的精神世界才能实现人的全面发展。通识教育思潮与通识教育实践产生和发展的一个极其重要的原因就在于对学生个体内在精神世界的关注。通识教育强调基本知识、基本价值和基本技能的掌握，强调通过打好人生持续发展的根基，借助唤醒人的精神世界的追求来形成自觉学习、终身学习、自我管理、自主创新的自我发展意识与自我发展精神。高校要通过对大学生的通识教育，帮助、引导大学生构建健康的精神世界。

（三）注重科学精神和人文精神的统一，营造良好的育人氛围

科学精神和人文精神如车之两轮、鸟之双翼，须臾不可分。科学精神的本质是求真求实，人文精神的精髓是求善求美。从价值论上看，人文精神为科学技术的进步提供思想、理论的指导；从本体论上讲，科学精神为人文各学科的发展奠定了物质基础。大学生思想政治教育，包括人文精神教育和科学精神教育，这两方面要相互融合、协调统一。其一，我们要深入研究当代大学生所处的社会环境，

特别是文化环境，探究其内心深处的精神世界，来帮助其应对心理问题。同时，要用目的理性和价值理性来引导工具理性和科学理性。大学生思想政治教育应当与学生的学习和生活融合。学习是学生的首要任务，是学生的主要生命活动，贯穿了学生的道德成长过程。同时，审美教育和情感教育也是必要的。其二，科学精神教育也是非常重要的，大学生不仅要学会学习，还要学会生活。总之，大学生思想政治教育要通过在大学生中加强人文精神和科学精神的培育，积极营造大学生求真、向善、达美的良好氛围。

第六章　高校思想政治教育的工作方法创新

第一节　高校思想政治教育的工作方法

要做好高校思想政治教育工作，不仅要遵循客观规律、遵循正确的方针和原则，深谙教育教学原理，还必须掌握和运用科学的方法。方法得当，就会事半功倍；方法不当，就会事倍功半。高校思想政治教育方法是多种多样的，并随着实践的发展而不断丰富发展。把握和运用好高校思想政治教育的方法，是对高校思想政治教育工作者的基本要求之一。

一、方法和方法论的含义及高校思想政治教育的方法

（一）方法和方法论的含义

所谓方法，是指主体为了达到认识世界和改造世界的目的，而作用于客体所运用的工具、手段和活动方式的总和。它是主体联系客体的桥梁，作用于客体的中介，是任何实践活动不可缺少的要素。方法是人们在长期的实践活动和认识活动中形成的，是人们认识世界和改造世界活动的法则。离开了人的认识或实践活动，方法就会失去存在的基础与价值。就其本质而言，方法是人对客观规律的科学把握与自觉运用。人们在认识世界中所采用的方法叫作认识方法或思想方法，在改造客观世界中所采用的方法叫作行动方法或工作方法。

1. 方法与活动相联系

无论是认识世界的活动，还是改造世界的活动，都要遵循一定的方法，都要运用一定的符合其对象实际的方式、方法，否则就不可能获得任何成功。人类认识世界和改造世界，主要依靠经验和科学技术及其相应的方法系统，经验和科学技术一旦转化为方法系统，就有了控制和改造世界的创造性功能，就可以转化为直接生产力。方法系统是主观世界和客观世界联系的有力中介，科学的方法系统

有利于达到主体与客体的高度统一。简言之，方法是对事物运行过程规律的认识和把握。方法素质是促进主体人素质开发与不断完善的重要途径和桥梁，方法也就是促进知识的掌握与运用、能力的培养与发挥的助力器。

2. 方法与对象相联系

对象不存在，也就无所谓方法。采取什么样的方法，必须与认识对象或工作对象相适应。人们的认识对象或工作对象是复杂多样的，这种复杂多样性决定了方法的复杂多样性。人们的认识对象或工作对象又是千差万别的，各有其矛盾的特殊性。因此，不能采取千篇一律的方法，而必须针对不同的对象采取不同的方法。人们的认识对象或工作对象是不断发展变化的，因而方法也会不断发展变化。

3. 方法与人的目的相联系

方法总是为实现人的目的而服务的，目的不同，方法也就不同。目的的多种多样性，决定了方法的多种多样性。例如，目的是过河，方法就是"船"或"桥"等，目的实现了，方法的使命也就终结了。目的本身十分复杂，主要表现为目的具有多种主体，即使同一主体也有多种分类。可以说，不同的人、不同的时代，根据不同的分类标准，对目的都有着不同的认识。但目的复杂性并不在于放弃目的，因为方法只是达到某种目的的手段。

4. 方法与理论相联系

从感性认识、实践经验上升到理论，也就是理论指导、运用于实践、解决具体问题，有一个方法的问题。就理论指导实践而言，人们在某一具体实践活动中所采用的方法，不仅会同与这一具体实践活动直接相关的理论有关，还要直接或间接地受到人们的思想观念及其相关的理论知识的影响。方法不是彼此孤立的，而是相互联系的，方法的联系性是由客观对象的联系性决定的。各种不同的客观对象，不仅会因为各自的个性而相互区别，而且会因为相互之间具有某种共性而相互联系。因此，在认识和改造客观对象时，既要采用与对象相适应的特殊方法或具体方法，也要采用与具体方法相联系的一般方法，求得一般方法与具体方法的统一。

5. 方法是主观与客观的统一

从方法的产生看，方法是人的思维活动的产物，人们在认识活动、实践活动中，把成功的方法或经验经过大脑的思维上升为理性认识，并经过实践的检验，变成可以传承的具有科学性的方法。方法和人的思维方式联系在一起，以特定思维结构和方式为基础，随人的思维方式的变动而变化，从而保持方法具有既相对稳定又不断发展的知识体系。从方法的运用上看，人们在完成某一任务，达到某种目的时采用什么样的方法是主观的。虽然方法具有主观性，但任何方法的采用都要受到客观情况的制约，都必须根据认识对象或工作对象的内容，或根据当时的具体情况，以及对象自身的运动规律来确定，因而，采取什么样的方法又都具有客观性。

所谓方法论，就是关于认识世界和改造世界的方法的理论，简言之，就是关于方法的学说或理论。方法论有层次之分，认识世界和改造世界，探索实现主观世界与客观世界相一致的最一般的方法理论是哲学方法论；研究各门具体学科，带有一定普遍意义，适用于许多有关领域的方法理论是一般科学方法论；研究某一具体学科，涉及某一具体领域的方法理论是具体科学方法论。三者之间的关系是互相依存、互相补充的对立统一关系。哲学方法论对一般科学方法论、具体科学方法论有着指导意义。

方法论和世界观是一致的。方法论是世界观的运用，世界观是方法论的基础，用世界观去指导认识世界和改造世界，就是方法论。世界观不同，方法论也就不同。世界观与方法论相互联系，相伴相生。

（二）高校思想政治教育的方法

高校思想政治教育的方法，就是高校思想政治教育工作者为完成一定的思想政治教育任务，在对大学生进行思想政治教育的过程中所采用的一切方式、办法或手段的总和。高校思想政治教育的方法主要有情感教育法、说理教育法、个性教育法、典型示范法、行为规范养成法等。

1.情感教育法

高校思想政治教育的情感教育法，是指在思想政治教育过程中，教育者依据一定的教育要求，借助相应的教育手段，激发、调动和满足受教育者的情感需要与认知需要，促使受教育者产生积极的情感体验，并建立教育者和受教育者之间的良性情感互动，提高教育实效性的一种方法。情感教育法是以情感行为作为中介的一种教育手段，也是易于广泛实施、易于被人接受、易于取得良好教育效果、易于彰显思想政治教育工作艺术的一种教育方法。

在高校思想政治教育过程中，有少数教师忽视了学生的人格与尊严，缺乏情感的投放。他们往往因袭传统的教育观念和教育方式，采用"我讲你听，我说你服"的老办法。尤其是当大学生提出一些现实生活中的敏感问题，或某些与"正统"要求不相吻合的问题时，有的教师不是耐心地分析和说服，而是斥责多于宽容和理解，批评多于分析和思考，禁止多于疏导与开启，结果导致教师与学生在感情上对立、心理上隔离，教育的效果之差可想而知。所以，高校思想政治教育工作者务必注重情感的投入、心灵的沟通，做学生的好老师、好朋友。

2. 说理教育法

说理教育法一直是中国道德教育领域中的重要方法，也是高校思想政治教育中最基本、最常用的具体方法之一，是教育者通过语言来表达和阐释相关思想、理论、观点，以期对教育对象实施影响与教育的方法和艺术。说理教育法在本质上表现为教育者与教育对象通过对话、交流达至理解，进而促进其发展和成长的过程。这种方法注重通过对理论的阐释和讲解，通过对教育对象的正面教育和理性引导，帮助教育对象树立科学的世界观和养成良好的道德品质，实现教育的终极目标。

要做到以理服人，应注意以下两点：第一，要因人施教，提高思想政治教育的效果。由于每个人的身心成熟程度不同，教育的方式方法也应不同，说理的层次也有所区别。对大学生来说，在中小学阶段，已经普遍接受过行为规范教育、思想品德教育和法治教育，初步具备了分辨好坏、善恶、是非的能力，初步了解了马克思主义的基本原理、原则和方法。到了大学阶段，应在原有的基础上进一步结合实际情况，将马克思主义基本原理、基本方法讲清讲透，提高大学生的思想政治觉悟和理论水平。

第二，要用事实和道理说服人。说理是打开人的心扉的钥匙，只有说理透彻，才能把道理讲清楚，让人心悦诚服。例如，给大学生讲授社会主义本质时，不仅要让学生了解社会主义是什么，更要让学生知道为什么。只有把这些道理分析透彻了，学生才能深刻地把握社会主义的本质。

3. 个性教育法

个性教育法是一种以培养学生的兴趣和爱好，促使他们的个性得以充分发挥，形成自己独特的风格的方法。它强调活动的多样性和参与的自发性，使学生的主观能动性和潜力得到充分发挥。大学生由于家庭背景不同，接触的社会环境不同，个性心理特征不同，因而形成的矛盾或思想问题也不同。对大学生进行思想政治教育，要做到有针对性和实效性，就必须把握大学生思想品德的个性特征，对症下药，依据每个人的个性特征，开展思想政治教育工作。

对大学生开展个性教育，应当着重把握以下三点。

第一，摸清问题，找准矛盾。只有摸清了思想脉络，才能有的放矢、因人施教。除了个别谈心之外，还要引导他们阅读资料、书籍或进行社会调查，提高他们发现问题、解决问题的能力，达到教育学生转变思想的目的。

第二，了解"性格"。人的性格是个性的核心，是一个人处事待物的基本心理特征，由于性格不同，对相同问题的认识和态度往往会有所不同。比如，对待他人，有的人性情坦率，富于同情心；有的人则思想隐蔽，待人冷漠。对待自己，有的人自尊自重，谦虚谨慎；有的人则自高自大，盛气凌人。所以，了解大学生的性格，对于有效地开展思想政治教育工作特别重要。

第三，了解"气质"。在现实生活中，由于人的气质不同，待人接物的态度和表现形式就会有很大区别。例如，有的人脾气暴躁，容易冲动，粗鲁任性，往往把好事办坏；有的人兴趣广泛，易于接受新事物；有的人沉默寡言，多愁善感，观察问题细致，但其意志比较脆弱，不耐挫折。因此，对待不同气质的人，要采取不同的思想政治教育工作方法，方能取得理想的教育效果。

4. 典型示范法

典型示范法是指胸中有全局、手中有典型，抓典型、树榜样，发挥先进典型的示范作用，这是高校思想政治工作的传统方法和基本经验。先进典型包括集体和个人，他们代表先进生产力的发展方向、先进文化的前进方向、社会精神文明发展的高度，体现出鲜明的时代精神和风貌，由于引领社会发展潮流而凸显出独特的价值。

抓典型、树形象，应注意做好以下几个方面的工作。

第一，要善于发现典型，实事求是地宣传典型。先进人物的先进事迹、先进思想、模范行为，是他们在生产、工作、学习和生活中产生的。只有深入实际、深入群众，才能发现典型、树立典型。典型树立起来之后，就要实事求是地宣传典型，以先进典型来影响和带动群众。在宣传上，一定要坚持原则，力戒浮夸，不讲过头话，先进典型也不是十全十美的，因此也不能护短。

第二，要教育人们正确地对待典型。先进典型树立起来之后，就要教育群众虚心向先进人物学习，逐步形成支持先进、尊重先进、争当先进、赶超先进的好风气。学习典型人物，学习先进集体，主要是学习他们高尚的精神、崇高的品质，以激励自己不断进步，而不只是简单地模仿，搞形式主义。

第三，除了学习社会上的先进典型之外，还要在各级各类学校树立自己的先进典型，如先进教育工作者、模范教师、先进班集体、优秀大学生等。这些典型教育针对性强，对大学生具有更好的教育效果。因为这些先进典型就在他们身边，先进典型的言论与行动，他们听得着、看得见，对他们更具吸引力、更有实效性。

5.行为规范养成法

高校思想政治教育的实践证明，思想政治教育不能仅仅停留在口头上，必须落实在行动中，既要重视思想认识上的教育，又要重视行为规范的养成。大学生的好思想、好品德、好习惯，不是依靠单纯的"说教"、简单的"灌输"或自上而下的行政命令就能形成的。还必须在日常生活、学习和社会活动、交往过程中，用人们共同遵守的基本行为规范和社会公德、职业道德、家庭美德来启迪与引导，使大学生中不文明的习惯转化为文明习惯，使非道德行为转化为道德行为，从而提高大学生的思想、政治、道德素质。

行为规范养成教育的内容与形式是多种多样的，如倡导校园文明、班组文明、宿舍文明的养成教育，这种教育包括引导大学生自觉地遵守校规校纪。在行为规范养成教育过程中，教师的模范行为极为重要，身教重于言教。要求学生不随地吐痰、乱丢果皮，教师就要身体力行；要求学生不讲脏话，做到语言美，教师就要以身作则。只有言传身教、表里如一，才能形成高尚的师德情操，这对大学生的好思想、好品德的养成具有积极的引导作用。

二、高校思想政治教育的传统方法与创新方法

（一）高校思想政治教育的传统方法

1.灌输式教育方式

高校思想政治教育工作者根据思想政治课教材按照既定大纲进行教学，从主观出发面向学生讲述思想政治知识。"灌输式"教学法在高校思想政治教学过程中较为常见，由于思想政治知识相对较多、课时偏少，为在有限时间内完成教育任务，教师选用该种育人方式。

2.单一化教育方式

在进行思想政治理论课教学时，有些教师采用单一化教育方式，在课程开始前先根据所学内容提问，导出教学内容，而后组织学生自学并再次提问，用以检验学生知识的学习效果，根据问题讲解知识，实现思想政治教育目标。这种教育方式虽然可以突出教师育人的优势，但无法摆脱形式单一的束缚，不利于其他教育资源的应用。

（二）高校思想政治教育的创新方法

1. 实践教学法

实践教学法通常指在教育教学的过程中，将理论与实际相结合，旨在培养学生掌握科学方法、提高道德素养、形成正确价值观的一种教育方法。高校思想政治理论课实践教学法如若在概念上含糊其词，必定会使高校思想政治理论课实践教学法的实际可操作性受到影响。长期以来，高校思想政治理论课过于重视学生对于理论知识的理解和记忆，导致课程的教学效果和影响力减弱，因此在高校思想政治理论课的授课过程中合理运用实践教学法显得更加关键。

2. 视频教学法

所谓微视频，是指时间长度在 30 秒到 20 分钟之间的视频。微视频内容丰富、形式多样，如电影、纪录片、微课、广告等，可通过手机、电脑等多种终端播放。高校思想政治教育课堂中推广使用微视频，可以充分调动学生学习的积极性，提升他们的课堂参与度，还可以把反映社会主义核心价值观的内容通过微视频的方式传播到学生群体当中，切实提升这门课程的教学效果。

3. 情境教学法

由于学科属性的影响，高校思想政治理论课在内容方面呈现出理论性过强且抽象晦涩的特征，对于思想活跃且热衷新鲜事物的大学生来说相对枯燥乏味。目前，部分高校思想政治理论课以理论讲授为主，学生学习的主体地位被忽视，思想政治教育的育人价值没有充分发挥。情境教学法重视以学生为本，旨在通过情境创设优化大学生的情感体验，在加强大学生理论知识学习的同时促进大学生身心全面发展，能够有效弥补传统思想政治理论课的短板。

三、高校思想政治教育方法的作用

方法的价值在于它特有的功能和作用。高校思想政治教育方法的中介性质，决定了它是联系教育主体和教育对象的桥梁，其作用主要表现在以下方面。

（一）高校思想政治教育方法是本学科理论的重要组成部分

思想政治教育学科是一门理论性和应用性都很强的学科，而且教育对象是人，重在以理服人，解决人的思想问题。这就决定了高校思想政治教育理论应具有很强的系统性、逻辑性和相当的理论深度，能够深刻揭示人的思想变化发展规律和教育规律。同时，思想政治教育的目的决定了其不能成为纯理论学科，要认识、改造思想政治教育的客体，要把深刻的思想和科学的理论转化为现实的可操作的方法，来实现思想政治教育工作的目的。正是这个特点，使得思想政治教育学科有着很强的理论性，而作为教育实践则有着很强的应用性。两者在思想政治教育学科内部形成了一种张力——理论有转化为方法的需要，实践要求有理性方法的指导。

现代思想政治教育工作尤其如此，绝不能随心所欲，或凭主观意志办事，必须尊重科学规律，讲究科学方法。一句话，现代思想政治教育工作方法论在思想政治教育学科体系中具有不可或缺的重要地位和作用。深入思想政治教育学科内部就不难看到，现代思想政治教育工作方法论的具体作用表现在以下两个方面。其一，将思想政治教育学的理论、规律和原则，向现代社会实践中可操作、可具体应用的方法转变，使理论得以正确运用，这是实现思想政治教育工作目的的关键一步。其二，将各种各样、分散凌乱的传统的和现代的思想政治教育工作方法、经验做法进行了分析、提升和凝练，不但明确了各种方法的理论基础和应用范围，还明确了各种方法之间的内在联系，建立起一个方法论体系。这套方法论体系解决了在思想政治教育过程中，教育规律与人的思想形成变化规律有机结合的问题，解决了思想政治教育过程中的程序问题，以及在每一环节、每一阶段应当应用什么方法和如何应用的问题。

（二）高校思想政治教育方法是完成思想政治教育任务的必要条件

任务决定方法，方法为任务服务，方法的科学与否直接决定教育的成效。高校思想政治教育的任务就是要把一定社会或阶级的思想政治观念、道德原则规范，凝结在教育对象的身上，使其形成良好的思想道德品质。这个转化的途径和条件，就是针对教育对象的具体状况，实施正确、有效的教育方法。不实施正确、有效的思想政治教育方法，就不可能完成高校思想政治教育的任务，也无从发挥高校思想政治教育的作用。否则，高校思想政治教育的任务就会仅仅停留在口头上，不能达到对教育对象实施教育的目的。正因为如此，高校思想政治教育方法是连接教育者和教育对象的桥梁，是完成教育任务必不可少的条件。

（三）高校思想政治教育方法是影响思想政治教育内容的重要手段

在高校思想政治教育活动中，思想政治教育方法、手段和途径的选择，应该根据教育内容的差异而有所不同。同样，要使高校思想政治教育的内容对教育对象产生影响，也必须借助正确、恰当的思想政治教育方法，使这些内容和思想政治教育对象的实践联结起来。否则，再好的教育内容也无法对教育对象产生实质性影响。可见，科学的方法能揭示教育对象的思想实质和思想特点，揭示教育所处的具体环境对思想政治教育的影响，指示着教育实践的目的性和教育内容的层次性。因此，高校思想政治教育方法是影响思想政治教育内容的重要手段，为思想政治教育的方向提供了条件和保证。

（四）高校思想政治教育方法是影响思想政治教育效果的关键因素

高校思想政治教育目标的实现和任务的完成，要通过有效的思想政治教育，而有效的思想政治教育只有用有效的方法才能实现。在高校思想政治教育中，不同教育主体之所以对同一对象的教育产生不同的效果，主要原因在于他们掌握的思想政治教育手段、方法存在差异。要获得较好的教育效果，就必须根据教育对象的个体差异和外在环境的变化选出不同的教育方法，并在此基础上，综合运用各种教育艺术，把教育内容自然地渗入教育对象的头脑中，激发教育对象进行实践的愿望，让他们在实践中加以巩固，使其形成良好的思想道德品质。因此，思想政治教育方法是影响高校思想政治教育效果的关键因素。

（五）高校思想政治教育方法有助于受教育者接受教育内容并形成影响力

思想政治教育内容在本质上是特定国家或集团意志的具体体现，尤其是其中有关该社会统治思想和制度秩序合法性的教育内容，提升受教育者社会道德意识的教育内容等更是如此。这就决定了思想政治教育内容与受教育者从自身满足和发展的需要出发，在特定认识水平的基础上选择接受动机取向，总是存在一定的差距。缩小广大受教育者的需要与思想政治教育内容的差距，使其能在知晓的基础上，全面感知和体验教育内容的合理性和价值性，并自觉内化为自己的价值观和信念，再外化为自觉的行为，进而形成对人和社会的影响力，既是思想政治教育工作的根本任务和存在的价值，也是任何时代和国家的思想政治教育工作面临的最大难题。

因为受教育者自主选择和接受思想政治教育内容的动机相对较弱，所以化解这一难题的根本途径就是寻找合适的载体和方法，促进思想政治教育的内容向不同层次的受教育者广泛而有效地传播，推动受教育者自觉或不自觉地接受其影响。因此，作为传播和承载思想政治教育内容的重要工具，高校思想政治教育工作方法应随着时代的变迁和发展而不断发展和创新，更好地发挥出传播思想政治教育内容的作用和效果。离开了高校思想政治教育工作方法，思想政治教育内容既不可能自动向受教育者的思想和行为转化，也难以发挥影响大学生思想和行为进而影响社会的作用。

第二节　高校思想政治教育方法创新的原则

创新不是无源之水、无本之木。创新必须是建立在过去经验和成果基础上的继承与发展。创新的过程，是对思想政治教育的规律性进行认识和把握的过程，而认识和把握思想政治教育的规律，又是对过去的经验和成果进行分析与总结的结果。也就是说，创新是高校思想政治教育的必然之路，但是创新不是随意的、盲目的，而是要根据思想政治教育的环境、条件、对象的变化，遵循思想政治教育的规律和原则进行创新。

一、科学性原则和疏导结合原则

传统的以灌输为主的思想政治教育方法，越来越不符合社会发展的要求，也越来越难以被教育对象接受。因此，在当前的高校思想教育方法实践中，哪些方法应该弘扬，哪些方法应该舍弃，哪些方法应该发展创新，其判断的标准在于它是否符合科学性原则。

疏导结合原则是高校思想政治教育工作的一条重要原则，体现了思想政治教育工作"合目的性"和"合规律性"的统一。"疏"的要求是从实际出发，以相信群众、依靠群众为出发点，采取百花齐放、百家争鸣的方针，放手让各种意见和观点充分表达出来，经过观察和研究，做出引导的决策。"导"的要求是在疏通的基础上，对正确的意见和思想观点，旗帜鲜明地表示肯定和支持，促进其进一步发展；同时，对错误的意见和思想观点，通过民主讨论、说服教育、批评与自我批评的方法，以理服人、化消极因素为积极因素。因此，疏通与引导是密切联系、不可分割的关系。可以说，疏通是解决问题的前提，是引导的必要准备；引导是疏通的必然继续，是疏通的目的所在。

二、自我教育原则

自我教育原则就是通过反省、反思、自我思想改造等途径，提高思想道德水平、理性思考水平；通过自我约束、自我控制和自我管理途径，增强把握正确方向的能力。我国著名教育家叶圣陶曾说过"教育的目的就是为了不教育"，这里的"不教育"可以理解为自我教育。自我教育是衡量教育是否有效的一个标志，又是思想政治教育最终的归宿。自我教育之所以重要，是因为人们的主体性加强了。社会处于开放的状态，人们的选择性扩大了，社会的规范性增强了，这些都为人增强主体性提供了条件，也对自教自律提出了更高的要求。

开展自我教育，一是要把个体自我教育与集体自我教育紧密结合起来，在激发和引导受教育者自觉开展个体自我教育的同时，着力组织和指导受教育者的集体自我教育，提高全体成员的思想道德素质。二是要把自我教育与接受教育紧密结合起来，切实加强对自我教育的激励和引导，引导受教育者确立高尚的人生理想，以激发起自我教育的愿望；引导受教育者了解社会思想品德规范的要求，使其掌握自我修养的标准；指导受教育者通过学习和实践，提高自我教育的能力，使其能够始终自觉按照社会要求严格规范自己，达到高校思想政治教育的目的。

三、针对性和实效性原则

高校思想政治教育的方法创新，要坚持针对性和实效性原则。所谓针对性，就是针对具体人的具体思想实际，采取不同的思想政治教育方法。也就是使思想政治教育方法因人制宜，因时制宜，因地制宜，因事制宜，一把钥匙开一把锁，不搞一刀切。所谓实效性，就是即时效果或有用性，主要指方法的可操作性，在实践中的可行性，产生良好结果的可靠性。加强针对性是为了提高实效性，只有加强针对性，才能切实改变受教育者的思想状况，提高其思想觉悟水平，收到思想政治教育的实效。

实效性原则要求高校思想政治教育者具有高度的责任感，在实施教育的过程中不断根据实际效果，坚持运用已经被实践证明是正确的方法，纠正或修正在实践中被证明是错误的方法，以达到最终的教育目的。是否具有实效性是检验思想政治教育方法成功与否的根本标准，没有实效性或实效性差的思想政治教育方法，无论如何也算不上是成功的思想政治教育方法。总之，坚持实效性原则，选择正确的方法，获得最佳效果，是提高思想政治教育质量的必然选择。

四、循序渐进原则

循序渐进，就是按一定的顺序、步骤逐渐进步。也就是说，人们对客观事物的认识，有一个由简到繁、由低级到高级、由直观到抽象的循"序"过程，人们对任何事物都不可能一步达到对其本质的认识。人们思想认识的形成过程，往往也是从浅层次的心理感受层面，提升到思想体系和世界观层面的过程。对高校思想政治教育来说，坚持由表及里、由浅入深的循序渐进原则，不仅体现在教育方法的创新中，还涉及课程内容设置的循序渐进，其核心问题就是要考虑到受教育者的心理承受能力和知识结构的接受能力。就教育方法的创新来说，作为教育者，首先要考虑教育的意图、观点和理论，在多长时间、多大范围、多深的程度上能够被受教育者接受，而不会引起他们心理上产生紧张、恐慌、厌倦或对立情绪。

为了解决大学生的实际问题，需要主动深入学生之中，了解和掌握他们的心理需求及学习等实际情况，及时把握他们的思想脉搏和动向，围绕学生的思想实际开展思想政治教育。把党和国家的路线、方针、政策的宣传教育，与社会的发展以及学生个体的发展和利益结合起来，采取循序渐进、寓教育于"无形"的方式，即寓教育于活动中与管理工作的过程中，通过感情感染，动之以情，晓之以理，由情入理，在思想政治教育的氛围中解决问题。就课程内容的设置来说，坚持循序渐进的原则，就是既要考虑到受教育者的知识结构状况，又要考虑不同课程内容之间的逻辑关系。因为每门课程自身内容有一种内在逻辑结构，不同课程之间也有一种内在逻辑结构。

五、方向性和与时俱进原则

方向性原则也称目标性原则，指决策者在决策中必须有明确的目标和方向。高校思想政治教育方法坚持方向性，就是坚持社会主义方向，坚持共产主义的远大理想和目标。没有方向性的坚持，思想政治教育的方法创新就会迷失方向，偏离目标，导致整体上的失败。但是坚持方向性，不是僵死地固守现有的条条框框，而应与时俱进，同不断发展的社会实践紧密结合。

与时俱进是指准确把握时代特征，始终站在时代前列和实践前沿，始终坚持解放思想、实事求是和开拓进取，在大胆探索中继承与发展。坚持与时俱进原则，就是说在高校思想政治教育中，要适应时代的发展和外界的变化，及时调整和补充思想政治教育内容，转变思想观念，采取积极行动，达到思想政治教育的目的。也就是说，掌握方向性和与时俱进原则，才能使二者紧密结合融为一体，因为方向性是坚持与时俱进的方向性，而与时俱进则是在坚持方向性的前提下的与时俱进。

六、系统性原则

系统性原则也称整体性原则。从管理学的角度看，系统性原则要求把决策对象视为一个系统，以系统整体目标的优化为准绳，协调系统中各分系统的相互关系，使系统完整、平衡。从教学论上讲，系统性原则要求教学必须循序、系统、连贯地进行。坚持系统性原则，必须从系统的整体出发，既要考虑教育对象的思想特点与需要，又要考虑思想政治教育任务和内容的要求，还要考虑教育队伍的状况和客观环境的变化。就教育内容而言，进行思想政治教育，要让教育对象知道某些概念、原理以及整个思想体系的创立背景和适用范围。任何断章取义的引用，或生搬硬套、生拉硬扯，都是唯心主义的、非科学的；而无视新情况、新问题的出现，一味地照本宣科，则是教条主义的、不可取的。

就教育对象而言，由于学生所学专业不同、年级不同，其思想发展状况也不平衡，在实施思想政治教育时不能搞"一刀切"，而要根据不同教育对象的思想状况和具体特点，有选择地运用合适的方式开展教育。思想政治教育是系统工程，在开展思想政治教育时，不仅要从整体来把握，而且要从个体入手，根据不同的教育对象和不同的问题，不断寻找新的角度，适应不同对象的思想特点，灵活机动地采用各种教育方法，充分调动教育对象的思想感情，形成教育者与教育对象之间的双向互动，从而增强思想政治教育的效果。

此外，高校思想政治教育方法创新还要遵循激励性原则、实践性原则、前瞻性原则等。这些原则体现了时代气息，反映了思想政治教育对象思想的新特点。只有掌握并坚持这些原则，才能真正做到思想政治教育方法的创新，也才能更好地增强思想政治教育的针对性和实效性。

第三节　高校思想政治教育方法创新的策略

当前，高校思想政治教育工作必须结合思想政治教育的特点、规律和科学技术的进步，改变传统的"一支笔，一张嘴"的单一模式，克服那种只讲大道理的传声筒式的教育方法，在课堂讲授、实践环节、多媒体教学、网络运用等方面要不断改进，通过多方齐抓共管，营造和谐发展的氛围。同时，高校思想政治教育工作还必须适应社会发展的新形势，抛弃不合时宜、不切实际的做法，既注重运用传统方法，又注重运用互联网等现代方式；既注重师生民主合作原则，又注重课内外教学活动相结合原则，不断增强思想政治教育的感染力和有效性，从而达到高校思想政治教育的最佳效果。

一、适应新时代发展要求，传承和改革传统高校思想政治教育方法

在传统的思想政治教育过程中，人们探索并形成了一套完整的教育方法，如理论教育法（灌输法）、典型教育法（榜样教育法）、实践锻炼法、自我教育法、形象教育法等。这些方法都曾发挥过巨大作用，有些方法至今仍具有强大的生命

力。但是，如果把传统的思想政治教育方法简单地套用到当代高校思想政治教育实践中去，则不会受到学生的欢迎。因此，必须对传统思想政治教育方法进行创新，赋予其生机和活力，使其适应时代的要求。

①理论教育法（灌输法）是传统思想政治教育的基本方法，在思想政治教育中发挥了巨大的作用，现在却受到了质疑。有人认为，中国社会已经发生了巨变，特别是大学生掌握了较丰富的基础知识，有相当的时间、精力和能力从事理论学习和研究，灌输无论在时间上还是空间上都已过时，应以"独立思考""自我教育"来取代。也有人认为，对有较高文化的大学生不宜再用灌输法，而应以其他方法来代替。这些认识不无道理，却是片面的。当然，灌输法确实存在教条化、命令式、满堂灌的弊端，但其优势也是不可忽略的。因此，必须赋予高校思想政治教育方法新的生机和活力。

高校思想政治教育灌输方法的创新，应从以下三个方面进行：一是转变灌输理念。改变传统思想政治教育中以教育者为中心的观念，而代之以受教育者为主体的观念，变单向灌输为双向互动式灌输，变强硬命令式灌输为疏导启发式灌输。教师要鼓励大学生充分发表自己的观点和看法，倾听他们的呼声和意见，使思想政治教育过程成为教育者和受教育者双向交流、互相学习的过程。二是更新灌输的内容。既要灌输马克思主义基本原理，又要灌输创新的理论内容。灌输的内容应与时俱进，富有时代特色和现实感召力，有助于解决大学生的思想和实际问题。只要灌输的理论能够代表时代前进的正确方向，就一定会收到好的效果。三是创新灌输手段。不仅要通过传统的思想政治教育途径来灌输，更要大力提高灌输手段的现代化水平和信息化程度，充分利用报刊、广播、电视、网络等现代化传媒手段，形成多层次、全方位的灌输网络系统。

②典型教育法（榜样教育法）也是传统思想政治教育的基本方法，在思想政治教育中收到了良好的教育效果。传统思想政治教育非常重视树立先进典型的方法，雷锋、焦裕禄、孔繁森等激励了一代又一代人。榜样的力量是巨大的，每一个时代都有典型人物。在当代社会，应该运用与时俱进的眼光，重新树立典型的标准。

典型应该具有永恒的意义，富有人情味和符合人性，典型不应该不食人间烟火，脱离广大人民群众的思想实际。而要让人们看到，典型人物就生活在自己的身边，每个人都可以学习典型。除了树立那些具有共产主义远大理想的人物为典型，还应多宣传那些身处逆境，仍自强不息、顽强进取的人物，那些表现了人类精神光辉的典型人物。我们要把典型教育法与时代相结合，使其符合时代要求，以期达到高校思想政治教育的最佳效果。

二、借助网络新媒体技术，实现高校思想政治教育手段创新

在经济全球化、政治多极化、社会信息化、文化多样化的时代大背景下，传统的说教式、灌输式的教学模式已不能适应时代的发展。借助信息网络新媒体技术实现高校思想政治教育手段的创新成为一大趋势。现代网络新媒体高超的技术特性，是传统思想政治教育的技术和手段无法比拟的。它能随时随地将文本、声音、图像、电视信息传递给设有终端设备的任何地方、任何人，网络中的每个人既是信息的接受者，又是信息源的提供者，这为新时代高校思想政治教育提供了一片崭新的天地，也带来了难得的创新契机。可以说，在经济全球化的今天，过去那种"嘴喊、腿跑、手抄"的体能型模式，"以时间换空间"的思想政治教育模式，已远远落后于时代的发展要求。充分利用网络等新媒体技术，实现高校思想政治教育方法的现代化，成为时代发展的必由之路。

（一）利用现代高科技手段，促进高校思想政治教育方法的科学化

作为思想政治教育的有效载体，广播、电视、报纸等在思想政治教育工作中发挥了巨大的作用，今后我们还应充分发挥这些传统的大众传媒在唱响主旋律、营造工作氛围方面的重要作用。信息网络技术的迅速发展，为高校思想政治教育工作方式、方法的创新提供了现代化的手段，拓宽了大学生思想政治工作的空间和渠道。但是开放的网络是一把"双刃剑"，网上既有大量科学、进步、健康、有益的信息，也有许多迷信和伪科学的内容。因此，我们要加强对信息的网络监管和利用，使其提高时效性，扩大覆盖面，增强影响力。

第一，充分认识网络功能的时效性，实现高校思想政治教育的方法创新。网络时代对思想政治教育提出了更高的要求，要实现高校思想政治教育方法的创新，必须注意以下几点：首先，更新观念，充分认识网络功能的时效性，以开放的心态正视互联网所带来的挑战，努力掌握网络知识；其次，利用网络，把握受教育者的思想脉络及其规律；再次，运用网络，构建具有鲜明马克思主义观点的思想政治教育网站系统，大力开发思想政治教育软件，使之成为思想政治教育的重要渠道；最后，利用网络多媒体技术，使思想政治教育内容化抽象为具体、化枯燥为有趣、化难为易。

第二，充分利用网络多媒体的交互功能，积极开展网络高校思想政治教育。计算机多媒体技术可以把抽象的事物形象地展现在教育对象面前，使事与理、情与理、形与声、形与神等有机地交融在一起，以丰富多彩、生动活泼的形式，给教育对象留下鲜明清晰的视觉印象，从而增强思想政治教育的吸引力和感染力。

此外，可以尝试将思想政治理论课开办到网上，或制作生动直观的多媒体教育软件，直接在网上开展思想政治教育课程。

高校思想政治教育工作者必须努力掌握高科技技术，充分利用高科技技术，更好地完成思想政治教育任务。必须高度重视、充分研究、迅速占领和利用好网络这一阵地，开展网上讨论、网上问答、网上授课、网上谈心，开发思想政治教育理论软件，使网络成为思想政治教育的主阵地。另外，要加强对网络法规、网络道德、网络文化的研究和建设，有效防范和打击网络犯罪，努力营造一个良好的网络环境，发挥网络思想政治教育的作用。

（二）运用现代网络媒体阵地，拓展高校思想政治教育的形式

运用现代网络媒体阵地，有效开展多种多样的思想政治教育，关键在于思想政治教育工作者及时转变教育观念，紧跟时代发展的脚步，善于掌握新技术，适应信息时代发展的要求。网络的出现和发展，是信息时代发展的必然结果。网络所形成的是一个具有开放性技术架构的生存空间，正如《互联网简史》一书提出的："互联网的关键概念在于，它不是为某一种需求设计的，而是一种可以接受任何新的需求的总的基础结构。"正是由于网络基础架构的开放性和人的需求的无限性，激发着人们不断创造出新的网络应用技术。而每一种网络技术的广泛应用，都会形成一个由网络技术媒介与相应的用户群体以及信息内容组成的微观信息系统。这些微观信息系统，实际上就是一个新的思想政治教育场域。随着网络技术的不断创新和发展，这些新的场域也处在动态的发展变化之中。

因此，在这个新的技术革新浪潮时代，思想政治教育工作者必须具有前瞻意识，把握科技创新的时代脉搏，主动发挥每一种新的技术力量的教育价值，实现对技术应用的积极引导和网络教育场域的主动营造，这是当前高校思想政治教育工作发展的正确策略选择。

第一，注重把教育理念和价值观念渗透到校园网络文化的建设之中。大学生群体是一个同质性很强的特殊社会群体，他们在年龄、心理特点、兴趣爱好、行为方式等方面都比较接近，有着较为一致的文化需求，校园文化正是大学生文化生活需求的反映。作为应对社会大众文化冲击的一种"防卫性反应"，鼓励大学生在网络上积极建设校园网络文化，在校园网络上建构出自己的学习、生活和交往场所，创造和发展属于自己的网络精神文化空间。作为高校思想政治教育工作者，要主动参与和引导校园网络文化的建设和发展，把主流价值观渗透在校园网络空间中，增强大学生在网络文化中的归属感和认同感，发挥大学生在校园网络文化建设中的积极性和创造性。

第二，注重把先进的思想文化渗透在技术创新和应用之中。互联网已经成为大学生日常生活的重要组成部分，不断创新和发展的网络文化，对大学生有着巨大的吸引力和影响力。互联网技术本身的开放、创新、共享、平等价值以及丰富多样的网络内容，是影响大学生思想和行为发展的重要因素，他们对于网络文化有着浓厚的兴趣和积极接受的心理，并具有创造崭新文化内容的积极性。因此，高校思想政治教育工作者应积极利用多媒体技术，充分发挥校园网络文化产品的吸引力，把先进的思想文化渗透到课堂教学和网络传播过程中。

（三）利用现代传媒技术，增强高校思想政治教育的实效性

如今，微信和QQ已成为人们交往的一种便捷方式，可以作为日常沟通交流的工具，弥补语言通话的不足，还可以传递新闻、服务信息，与广播、电视、互联网等其他媒体实现互动。对于乐于追求时尚和潮流的大学生群体来说，手机媒体已成为他们生活的重要组成部分；对于高校思想政治教育工作者来说，运用手机媒体的独特优势开展思想政治教育工作更是很好的办法。可以说，微信和QQ等社交媒体的兴起，极大地丰富了大学生的业余生活，促进了他们的人际交流和沟通，但一些不良信息也严重影响着大学生的健康成长。对此，高校思想政治教育工作者就需要趋利避害，有效利用手机媒体及网络平台，及时帮助大学生自觉克服不良影响，净化校园手机网络环境。

第一，创建高校手机微信平台，开展校园微信文化活动。高校手机微信平台是在思想政治教育中孕育而生的，它的诞生既有其偶然性，又有其必然性。各学校或学院团委、学生会、社团以及学生党支部，为了宣传各自的活动信息，建立了微信公众号，这就是高校使用微信平台的初始原因。这些微信公众号在发展的过程中，其凝聚力和影响力逐步提高，除正常的宣传活动外，更是逐步具有了大学生舆情监控、思想引领的重要作用，对高校思想政治教育具有积极的意义。

开展校园微信文化活动，应加强以下几个方面的工作：一是组建校园微信创作队伍。选拔科学文化素质高、思想政治素质过硬的教师、政工干部、辅导员、学生干部等组成微信创作小组，编写、搜集科学健康、积极向上的内容，并在恰当的时间发送给学生。二是建立多层次的校园微信平台。建立以校级、院级、年级、班级为单位的手机微信平台，层层联动，保证微信平台覆盖高校每一位学生，取得校园微信文化的教育效果。三是建立校园微信数据库。微信创作小组可以根据微信内容进行筛选，挑选优秀的内容输入微信数据库，并及时更新微信内容，确保所有大学生在特定的时间里，都能够收到校园微信平台发布的微信。

校园微信文化活动以创建文明健康的微信为宗旨，活动方式可以根据各高校的自身条件自主选择，如校园微信宣传活动、校园微信征文活动、校园微信创作比赛等。在校园微信文化活动的开展过程中，鼓励大学生参与到校园微信的创作中来，对校园微信文化提出自己的意见和建议。通过自己动手编写微信，大学生可以更加深刻地理解校园微信文化的内涵，更加自觉地接受校园微信文化的熏陶，从而有效地净化校园微信文化环境，提升大学生的微信文化品位，使大学生从根源上抵御不良微信的侵蚀，让不良微信失去生存土壤，发挥高校思想政治教育的育人作用。

第二，建立健全微信保障机制，促使校园微信文化发展坚持正确的方向。为了保证校园微信的正确舆论导向，高校必须处于领导监管地位，建立健全保障机制，在此基础上有组织、有目的地给予学生组织及个人相应的管理权限。高校应加大对微信平台技术、设备维护的资金投入力度，强化微信在高校育人中的主动地位；应建立一套符合自身情况的保障系统，包括官方主管部门、舆情监管部门、学生舆情监控反馈体系等；还应辅以相应的工作奖惩机制，以及工作能力和思想政治理论考核等。

校园手机微信平台的建立，有助于开展高校思想政治教育，加强对大学生的教育和管理。但只有建立健全微信保障机制，才能保证微信平台在高校育人舞台上的顺利发展，达到事半功倍的效果。微信保障机制在传播校园微信文化的过程中发挥着重要的作用，是实现微信创新发展的坚强后盾，也是促进校园微信文化正确发展的有力保障。

第三，科学把握微信发布时机，取得高校思想政治教育的良好效果。在恰当的时机（一般指重大节假日、重大社会事件的发生以及特定大学生群体活动等），发布具有思想政治教育意义的微信，会取得良好的教育效果，激发大学生的学习热情和爱国情操。

在重大节假日发布节日祝福微信，将思想政治教育内容融入其中，可以使大学生在接受节日祝福的喜悦中，积极地将思想政治教育的内容内化吸收。诸如在春节、端午节、中秋节等传统节日到来之际，高校思想政治教育工作者可向大学生发送节日短信，在表达节日祝福的同时，将中华民族的优秀传统文化融入其中，让学生激发爱国主义热情，倍加珍惜现在的幸福生活。

同时，国内外重大事件的发生也会引起大学生的广泛关注，高校思想政治教育工作者应及时把握时机，及时发布相关信息，提高大学生的思想认识。此外，在一些特殊时期，包括新生入学之际、每学期期末考试之时、毕业生择业之季，大学生都面临不同程度的压力或困惑，高校思想政治教育工作者可通过手机微信对学生进行即时疏导，因势利导，给予鼓励和宽慰，做大学生前进道路上的知心人和引路人。

（四）占领网络教育制高点，把高校思想政治教育融进网络

现代网络的发展为高校思想政治教育工作提供了新的工作载体和手段，开辟了新的空间和新的渠道，是我们大力弘扬主旋律的主要阵地，所以高校思想政治教育必须积极占领网络教育的制高点。中国互联网络信息中心发布的报告显示，在数以千万计的网民中，大学生是最活跃的群体。互联网是一柄"双刃剑"，给校园文化传播带来便利的同时，也带来了丰富、庞杂的信息，这些信息极大增加了高校思想政治教育工作的难度。不少大学生把网络作为在校园中发表言论、交流感情的主要场所，这对他们的学习、工作、生活和思想观念产生着深刻的影响。网络使得学生的社会化程度得到很大的提高，但许多学生对网络的负面影响缺乏足够的认识。

1. 加大高校思想政治教育进网络的力度

一方面，要加强大学生网络道德教育，加强国家有关互联网管理的法律法规的宣传教育。制定大学生互联网道德规范，开展大学生健康上网自律承诺活动，自觉遵守网络道德，告别不健康网吧。另一方面，要建好高校德育、教育网站。要密切关注和研究信息网络发展的新动向，善于运用网络开展工作。

2. 在校园网上开设高校思想政治教育网站

充分利用校园网络，开设网络互动栏目，开展互联网知识竞赛、网页设计竞赛等活动，用正确、积极、健康的思想文化充实和占领网络阵地，不断提高思想政治教育网站的点击率和影响力，让高校思想政治教育内容在"进教材、进课堂"的基础上"进网络"，拓宽思想政治教育的渠道。充分利用校园网络平台，给学生提供一些与国家、民族或学生自身利益息息相关的热点问题，让他们积极参与讨论，增强高校思想政治教育的针对性和实效性。当前，高校思想政治教育主要靠思想政治理论课教师和辅导员来完成，其他专业课教师都在思想政治教育的责任之外，存在着资源分散、未成合力的现象。从领导主体上看，存在着"上热下冷"的倾向问题；从教师主体上看，缺乏解决学生深层次问题的能力；从学工队伍主体来看，存在着重行政管理、轻思想教育的问题；从大学生主体来看，存在着积极进取与信仰迷茫并存的思想政治状况问题。因此，要使学生发挥自我投入意识、自觉地进行自我教育，需要学校为学生提供和谐有序的校园环境，以健康

向上的校园文化为载体，使大学生积极参与思想政治教育，同时家庭与社会也要为思想政治教育创造良好的外部环境。

三、借鉴其他学科的方法，优化高校思想政治教育方法

思想政治教育是一门跨学科多领域的边缘交叉学科，它必然也应该吸收这些学科领域的方法。例如，高校思想政治教育吸收心理学的心理咨询方法，可以解答人们心理上存在的问题，对医治心理和思想疾病，能够起到很好的思想政治教育作用。高校思想政治教育吸收法学的制度管理方法，可以把思想政治教育与制度的规范、激励、约束结合起来，在制度基础上解决人们的思想问题，通过健全制度来巩固思想政治教育成果，推进思想政治教育制度化建设，建立适应时代发展的良性运行机制，使思想政治教育有法可依，有章可循。高校思想政治教育还应该借鉴和吸收伦理学的品德修养方法，行为科学的激励方法，人才学的人才发现和培养方法，教育学的教育方法，管理学的管理方法，等等，它们都为思想政治教育方法创新提供了源泉。高校思想政治教育工作者要把这些学科领域的方法整合创新为思想政治教育方法，以达到思想政治教育方法的优化。

四、健全思想政治教育系统工程，加大高校思想政治教育力度

思想政治教育是一项系统工程，如果按其所涉及的社会范围和社会途径来划分，则包括家庭教育、学校教育和社会教育三个方面。因为一个人的成长过程，要受到家庭、学校、社会等多方面的影响，三者构成了思想政治教育的一个复杂的综合系统。因此，要加强高校思想政治教育，需要学校为学生提供和谐有序的校园环境，同时家庭与社会也要为思想政治教育创造良好的外部环境，这样才能使大学生积极参与思想政治教育和自我教育。

第一，家庭教育是思想政治教育的第一要素。家庭是社会的细胞，是个人成长的摇篮，也是个人出生后的第一所学校，父母则是孩子的第一任老师。父母的思想、言行和关爱，对子女良好思想、品德的养成具有巨大影响。"孟母三迁""岳母刺字"的故事，说明了家庭教育的重要作用；《三字经》中"养不教，父之过""苟不教，性乃迁"的教诲，也说明家庭教育的重要意义，因为家庭教育对学生以后的成长起着不可估量的作用。

现代大量统计数据表明，青少年犯罪往往与家庭教育的严重缺失密切相关。但是，在当代中国社会中，家庭组织与之前相比发生了变化，独生子女增多。部

分家长溺爱子女，不利于他们健康成长。因此，高校思想政治教育应高度重视这些变化，这对促进学生的全面发展至关重要。

第二，学校教育是思想政治教育的最大因素。学校是有目的、有计划、有组织地向受教育者传播社会规范、道德观念、价值观念以及各种知识技能的场所。在这里，受教育者要掌握一定的知识技能，掌握谋生的基本本领，也要塑造完美的人格，锻炼健全的体魄，为踏入社会做好精神上的准备。学校教师对学生的影响是最大的，因为学生的大部分时间是在学校里度过的。为此，教师不仅要传授知识，而且要以自己的行为和情感影响学生，在思想上、政治上、生活上关怀学生，从而建立起深厚的师生情谊，这对学生形成好思想、好品德能起到潜移默化的作用。

但是，现在部分学校思想政治教育存在弱化的趋势。一方面，部分学校本身对思想政治教育不够重视，只重升学率，重智育轻德育；另一方面，部分学校与社会的"围墙"几乎不复存在，社会上的不良现象对学生的影响也越来越大。所以，高校必须高度重视大学生思想政治教育，加强思想政治教育的针对性和有效性，提高思想政治教育工作者的理论修养和实践能力，不断创新思想政治教育形式，增强思想政治教育的效果。

第三，社会教育是思想政治教育的必备元素。社会教育是学校教育的重要补充，大学生思想政治素质的提高，离不开社会各界的关爱。良好的社会教育有利于对学生进行思想政治教育。教师可以根据学生的爱好，有意识地引导他们参加校外教育机构的专门活动，使学生在自己喜欢的活动中施展才华、发展特长、增长才智，进而独立运用自己的知识和智慧去发现问题、分析问题、解决问题，为学生的全方位发展提供一条新路。因此，社会教育对广大学生的成长成才来说，具有极其重要的现实意义。

第七章　网络环境下高校思想政治教育的有效教学

随着信息技术的迅速发展，网络已经成为人们获取知识和了解各种信息的重要渠道。网络拓宽了获取信息的渠道，使高校学生不再局限于对现实社会的定向思考，而是向虚拟空间延伸。在此大背景下，其原有的思想观念、价值取向等也随之而延伸向更广阔的空间，信息渠道也逐渐多元化。在此过程中，大学生作为时代的领潮人，既接受了更多有益的信息，也被一些负面的意识形态所影响。互联网既为进一步加强和改进大学生思想政治教育教学提供了新的机遇，也带来了极大挑战。高校应努力改变现有的思想政治教育模式，跟随时代的脚步，逐步加深对网络思想政治教育理论的研究，并且，要不断拓展网络思想政治教育，引导大学生在瞬息万变的网络世界里树立正确的思想。

第一节　网络思想政治教育的探索与发展

20 世纪 90 年代以来，互联网在我国得以普及应用。信息网络广泛地渗透到了社会经济、政治、文化生活各个领域，改变了人们的生产方式、交往方式、信息传播方式、思维方式和生活方式，深刻地改变了我国思想政治教育的环境。这些改变对于思想政治教育既是一个重大的历史机遇，也是一种严峻的挑战。互联网创造了一个新的生存环境——网络环境。网络环境是思想政治教有必须面对的一种新环境，也是思想政治教育环境的一部分。我国广大思想政治教育者应主动应对网络带来的历史机遇和挑战，积极创新思想政治教育的现代形式，对网络思想政治教育从实践上进行广泛、持久的探索，并在理论上取得较为丰富的研究成果。

一、网络思想政治教育的出现及发展阶段

自 1994 年互联网接入中国起至今，随着信息网络技术发展而带来的社会变化，网络思想政治教育的工作实践也经历了从萌芽到产生，再到成熟壮大的发展阶段。

当今时代，在信息技术革命的影响下，世界正在发生广泛而深刻的变化，竞争与创新成为时代发展的主流。一个国家、一个民族要想取得可持续的竞争和创新优势，就必须依靠人才来维持和培育竞争力与创新力。高校是为国家培养高素质人才的教育基地，它时刻都面临"培养什么人，如何培养人"的核心问题。当前，高校面临的一个重大问题就是由信息技术发展和广泛应用引发了高等教育内外部生态环境发生改变，加上我国正处于社会转型期，导致诸多方面的矛盾凸显等，使得高校思想政治教育工作面临新的境遇。面对这一形势，高校必须沉着应对，从网络思想政治教育的发展历程中找寻答案。那么，我们首先要介绍我国网络思想教育的发展情况，从实践中总结网络思想政治教育的研究成果。

（一）网络思想政治教育研究的发生时期

第一阶段是从 1994 年到 1998 年，我们称为网络思想政治教育研究的发生时期。在这一时期，互联网在我国得到初步发展和应用，思想政治教育遭遇互联网的挑战。基本的情况和问题可以概括为：青年大学生对互联网的使用走在社会前列，他们在思想、道德、心理等方面受到网络带来的多重影响；面对突如其来的网络冲击与挑战，思想政治教育工作者积极应战，努力扭转被动局面。

在这一阶段，校园网的设施建设日益发展，青年大学生成为网络空间的生力军，他们在网上的活跃状态引起了思想政治教育者的关注。但当时大多数思想政治教育者自身对网络并不熟悉，对网络的认知还仅仅停留在"工具"阶段，教育者较少深入网络中与青年大学生对话，而更多的是在网下看同学们的网上状态。因此，这一时期的思想政治教育实践在网络空间的活动是很少的，教育者对网络的无知也导致了其对网络的误解，面对受教育者在网上的新问题、新情况，教育者常常显得束手无策，"关闭并远离网络"曾是当时一些高校暂时的无奈之举。

同时，我国网络内容的建设在这一时期也较为欠缺，网络信息传播的不对称，给思想政治教育者的社会意识形态教育工作带来了极大的困难。网络上"黄赌毒"信息的充斥，也让青年大学生无所适从，思想政治教育者在网络空间的"声音"偏少和话语权的实质性弱势，使得他们面对网络环境中的种种新问题而只能被动

应战，拼命在网外高喊"防、堵、管"，却无法真正深入网络空间，从而削弱了教育的针对性和实效性。

（二）思想政治教育规律探索时期

第二阶段是 1999 年到 2004 年。这一时期是网络思想政治教育的实践展开和规律探索时期。在这一时期，思想政治教育工作者积极把握和运用各类网络技术，建设思想政治教育网络阵地，大力弘扬先进的网络文化，探索网络思想政治教育的特点和规律。

2000 年前后，中国教育和科研计算机网（CERNET）的高速主干网建设顺利完成，高校校园网建设更加完善，用户日益猛增。1999 年中共中央下发《关于加强和改进思想政治工作的若干意见》，2000 年教育部下发《关于加强高等学校思想政治教育进网络工作的若干意见》，推动了高校校园网在文化和内容建设上的大发展，各类"红色网站"应运而生，主动建设思想政治教育网站成为网络思想教育工作实践的主要内容，理论研究的内容集中在网络思想政治教育阵地建设研究方面。研究者纷纷提出，思想政治教育不应仅仅局限于对网络负面影响的分析上，更要强调思想政治教育进网络的必要性，要分析和把握网络给思想政治教育带来的机遇。有研究者提出了创建网络德育系统工程的设想，并对思想政治教育进网络的操作方法做出了具体分析，提出德育网站建设的操作方法和维护原则，阐述了版面活泼、个性突出，内容丰富、形式生动，即时沟通、异地交互，信息监控、过滤筛选，整体开拓、不断创新等具体措施。另外，思想政治教育者也积极提高信息素养和网络生存技能，充分重视网络"晴雨表"功能，主动深入校园 BBS 论坛与学生沟通，开通 E-mail 与受教育者保持网络交流，积极利用 QQ 空间拉近与学生的距离。高校的思想政治教育者紧跟网络技术发展的步伐，深入走进网络平台，让网络始终有他们的"声音"响起，使教育者始终拥有网络话语权。

随着网络媒介的日益壮大，网络深入影响到了社会各领域、各阶层。网络的作用从一种新工具、新手段发展到全方位地改变社会生产方式、社会生活方式，促进一种网络化社会的形成。因此，对于受教育者的适应能力更是巨大的挑战，他们的网络失范行为和各种网络负面事件会随着网络的深一步发展层出不穷，教育者应对此步步紧跟。这一时期，网络思想政治教育实践已经从网上"红色阵地"发展到综合性网络社区环境的建设，网络思想政治教育理论研究也从网络媒介和工具的视角发展到以整个网络环境为宏观背景的思想政治教育研究。网络环境下的思想教育是对网络思想教育的广义理解，提出的问题是在网络化的社会环境下，传统的思想教育从理念到内容、手段、机制与组织方式如何发展、如何创新，是一种思想教育全面体系的构建问题。从 1999 年到 2004 年这一段时期，网络思想政治教育研究以实践中的问题为导向，逐步实现了从局部现象分析到全面体系构建的理论认识过程，不仅为下一阶段的网络思想政治教育研究提供了大量实证研究的基础材料，而且为理论研究进一步深入发展做出了卓有成效的启示。

（三）思想政治教育的理论水平提升和体系构建时期

2005 年开始，网络思想政治教育研究进入理论水平提升和体系构建时期。无论是在基于网络的思想政治教育研究层面，还是在网络环境下思想政治教育研究层面，理论研究的重点都不再停留在局部现象和具体问题的研究，也不再局限于经验和实证分析，而是努力向理论建构的层面提升。网络思想政治教育研究的学科意识高涨，理论体系的建构成为研究发展的重点。

近些年，我国国内学术界对于"网络思想政治教育""网络思想政治教育有效性""网络思想政治教育实效""高校网络思想政治教育""高校网络思想政治教育有效性""高校网络思想政治教育实效性"等问题有了比较多和深入的研究，也取得了一定的研究成果，相关研究成果推动了思想政治教育工作和高校思想政治教育实践的发展。在这一时期，以"网络思想政治教育学""网络德育学""网络思想政治教育论""网络思想政治教育研究"为题的研究著作陆续出版，关于网络思想政治教育的概念内涵、基本理论、发展趋势等内容的研究论文不断出现在专业核心期刊上。这些情况显示出，网络思想政治教育研究经历了多年的探索与耕耘，终于积累了一定的规律性认识，构建出反映自身特殊性的话语体系，形成了一定的研究场域，在此基础上研究者有能力在学科发展和理论体系建设的层面展开探讨和研究。

网络思想政治教育研究的理论水平得到提升之后，就要着手建立网络思想政治教育的理论体系。一些研究者提出，网络行为是网络德育学理论体系实践的、历史的起点。以"网民"的上网行为构成的网络活动是网络社会最普遍、最基本的现象，是网络德育学中最基本的概念和学科发展的逻辑起点。也有研究者重点对高校网络思想政治教育学的范畴体系进行分析，认为网络信息消费者的思想与行为是起点范畴，网络思想政治教育主体和客体是中心范畴，调控与评价、上传与下载、疏通与引导、教育与管理是中介范畴，内化与外化是结果范畴，信息消费个体和网络社区是终点范畴。网络思想政治教育研究向建构学科体系这一方向的努力，有助于凝聚一支有责任感、有归属感的理论研究队伍，有助于思想政治教育在新的时代更具影响力。网络思想政治教育研究向学科层次发展是一项艰巨的任务，而一旦建立学科则势必在学科层次上凝聚更强大的研究队伍、占有更丰富的研究资源、形成更成熟的学科理论、建构更完善的学科体系，进而使网络思想政治教育研究在网络大发展的潮流中真正迈入新的发展阶段。

自 2005 年以来，互联网掀起了博客时代、社会网络时代、微博时代等一波又一波的革新浪潮，其经济、政治和文化影响不断深入，实践对于网络思想政治教育提出了大量现实问题。只有全面深入地研究和把握人类网络实践的发展规律，真正抓住社会网络化发展所提出的时代问题，才能使理论体系的基本范畴更加科学和准确，才能使理论不但能够自成体系，而且真正能够解释现实和指导实践。正是基于这一思路，许多研究者以实践中的问题为导向，努力将理论和实践相结合开展网络思想政治教育研究工作。当然，在理论与实践相融合的过程中必然会出现诸多问题。对于网络信息安全、博客传播特性、网络舆论描述和测量、网络话语体系、网络依赖的干预与辅导等网络思想政治教育实践中的重点、热点问题，高校必须从理论与实践的结合上提出解决之策。高校通过深入分析大学生群体在网络环境中的思想、心理、行为的新特征，以及在网络思想政治教育中的主体性作用，提出"校园网络亚传播圈"的概念和分析体系，构建校园网络环境下大学生思想政治教育的策略和模式。

二、网络思想政治教育理论研究的萌芽和发展

自网络进入中国，思想政治教育理论工作者就开始关注其发展，并不断探索，取得了一系列可喜的研究成果，并逐步推动了网络思想政治教育这一新形态的健康发展。

（一）思想政治教育理论研究者对网络的初步探索

1994 年 10 月中国教育和科研计算机网建设全面启动，高校校园网的建设和应用蓬勃开展。起初，人们还沉醉于网络新生事物所带来的新鲜感，对互联网的发展充满了神秘的猜想和热切的期待，但人们并未料到网络技术的发展也会带来负面影响。张素峰在《信息革命新时期的到来——美国等国家"信息高速公路"计划给我们的启示》一文中写道："就我国目前的信息技术发展水平而言，要达到全国联网还是很遥远的事情，还有相当长的路要走。"人文社会科学的理论工作者也表现出对网络信息技术革命兴起的高度关注，并看到了网络犯罪、政治斗争、文化渗透、色情泛滥等负面现象。

随着互联网进一步的发展和普及，它对青少年尤其是对大学生的负面影响进一步增大，让思想政治教育工作者变得忧心忡忡。其实，早在1996年王殿华所写的《信息时代高校思想政治工作的新课题》中就已经表示了这种忧虑，全文所谈皆为网络给思想政治教育带来的负面影响。

我国最早使用国际互联网的一批科学技术工作者、学术研究人员和高校教师根据自身的网络实践及对国外网络应用情况的了解，较早关注了网络对社会的影响并做出了一些具有前瞻性的探讨和分析。这些研究对网络思想政治教育给予了有益的启示。与此同时，《数字化生存》《未来之路》《网络伦理》等一批关于网络文化与伦理研究的译著或著作的出版为网络思想政治教育研究的开展提供了理论借鉴。基于对高校信息网络化建设及大学生网络行为与思想发展的观察和思考，网络思想政治教育的相关研究在1997年前后开始出现。研究的内容首先集中在网络对青年学生的负面影响及其产生的德育问题上，包括网络犯罪、不道德行为、西方意识形态渗透、文化侵略、信息污染、隐私保护、知识产权、交往障碍、网络成瘾等方面。同年，中国互联网络信息中心成立，11月发布了第一次《中国互联网络发展状况统计报告》，对上网用户数等信息进行了科学统计。

对网络的关注不只是信息技术层面的问题，它对社会和人的深刻影响更值得关注。社会科学理论工作者就互联网对人的影响的研究进入密切关注时期，思想政治教育者研究网络对人们思想和行为的影响的文章日益增多。这一时期，对网络概念的认识逐渐经历了从"信息高速公路"到"互联网"，再到"网络"的演变。信息网络在带给人们巨大福音的同时，也使人们面临新的难题、担忧和困惑。"远离网络"一度成为教育者的急切心声。同时，理论研究者也开始逐渐意识到科技的发展和社会的进步已促使人类进入了互联网时代，于是理论研究也开始从"网络危害论"进入"全面认识网络"的时期。理论工作者已经意识到网络严峻的挑战，也开始逐渐辩证地认识网络，并积极思考应对的办法。他们呼吁各级政治思想工作部门，应对计算机网络中常见的反动宣传的形式和负面效应有充分的思想准备，同时他们也清醒地认识到思想政治教育活动的成效正在网络环境中减弱。

（二）网络思想政治教育研究的兴起和发展

1999年后思想政治工作"进网络"的号角，推动了网络思想政治教育实践工作的前进步伐，也激发了理论工作者的研究热情，全面认识网络环境并探索如何在其中开展思想政治教育活动的研究在理论界掀起热潮，相关的理论研究成果层出不穷。按照应用领域的研究范围，这些理论成果大致可以分为"网络思想政治教育研究""网络思想政治工作研究""网络德育研究"三种大的类别。

1. 关于网络思想政治教育的研究

2000年刘梅在《论思想政治教育的现代方式》一文中提出，"网络思想政治教育，是根据传播学和思想宣传的理论，利用计算机网络所进行的思想政治教育"。这是国内最先、最直接提出"网络思想政治教育"概念的论述。2005年韦吉锋在《网络思想政治教育研究》中，强调不能仅从工具视角而必须从本质上理解网络思想政治教育，他把网络思想政治教育概括为"以认清网络本质和影响为前提，利用网络促使网民形成符合一定社会发展所需要的思想政治品德和信息素养的虚拟实践活动"。由此可见，以网络社会的崛起为立论基点，形成了两个层次的网络思想政治教育定位，一种是从狭义上把它理解为基于网络的思想政治教育（网络仅作为工具或载体），另一种则是从广义上去把握，即网络环境下的思想政治教育（以网络作为整体环境）。

网络环境是网络和现代信息技术不断发展的结果，由于其最大的特点是虚拟性，因此，网络环境也可以称为虚拟环境，是指人们用计算机控制的输入—输出装置，进行交往、互动的一种场景。它是由计算机生成的维度，人们可以在这里把信息移来移去，可以用电子的方式表现实际的事物，也可以表现那些想象出来的世界。网络环境可以分为宏观层面上的网络社会、中观层面上的赛博空间和微观层面上的虚拟活动领域。网络思想政治教育的理论研究，随着对网络本质的揭示而发展，经历了从强调其工具性到重视其文化性，并认定其社会性的发展。其中，2002年曾令辉的《网络思想政治教育概论》更多地探讨了网络工具论。2003年杨立英的《网络思想政治教育论》奠定了研究网络思想政治教育社会性的理论基础，但其研究继续停留在网络与思想政治教育简单相加来揭示的阶段。2009年张再兴等所著的《网络思想政治教育研究》，较为明确和系统地提出了网络文化观和网络社会观。2010年徐建军所著的《大学生网络思想政治教育理论与方法》已经明确提出网络环境下的思想政治教育被称为现实思想政治教育，也就是说网络思想政治教育必然是现实空间思想政治教育和虚拟空间思想政治教育的有机结合，网络思想政治教育绝不是网络和思想政治教育的简单嫁接，更不能狭义地理解为基于网络的思想政治教育，而是网络社会崛起中思想政治教育的全新形态。

人们的思想观念必然反映社会存在的状况，网络空间不仅是网络媒介生成的人们活动的模拟场景，更是与现实社会生活紧密联系的新领域。由此可见，网络社会场域与现实社会是相互交融、相反作用的，一方面，这种交互作用对思想政治教育产生着综合的影响；另一方面，网络社会场域又是超越现实社会的一种拓展，它改变了社会结构和媒介环境，作为一种虚拟实在环境，它具有不同于现实社会空间的众多特性，这些特性必然改变人们的思想观念、行为方式和生活方式，对思想政治教育过程产生重大的影响。因此，我们认为思想政治教育在网络环境下呈现思想政治教育的一种新形态，是一定社会或社会组织、群体用一定的思想观念、政治观点、道德规范和网络素养要求，以现代信息网络为中介，以互动引导、建设管理、制度规范等为基本方式，对社会成员进行有目的、有计划、有组织的教育，促进社会成员在教育活动中自主性的发挥和思想政治品德的自主建构，从而使社会成员形成符合一定社会或一定阶级所需要的思想政治品德的社会实践活动。

2. 关于网络思想政治工作的研究

思想政治教育工作借助互联网这个平台，不仅可以提高其内容及方式的传播速度，并且扩大了其覆盖面，使其影响力获得了很大的提升。现阶段，互联网不断发展，这使得网络在公众生活中的地位越来越重要，通过网络开展思想政治教育工作，可以增强其说服力及号召力。因此，网络增强了思想政治教育的渗透力，而这种渗透是可以从我国关于网络思想政治工作研究的成果中看到的。

1999 年，张建松在《发挥校园网络在思想政治工作中的作用》一文中初步论及了"网络思想政治工作"概念，他认为"所谓网络思想政治工作，通俗地说，就是利用校园网络对学生开展思想政治工作"。冯沈萍于 2000 年撰文《在网络上唱响思想政治工作主旋律》，明确提出"建设网上思想政治教育阵地"。2000年，复旦大学出版社出版了以谢海光为项目主持人、由全国 19 所大学合作完成的上海市哲学社会科学规划课题研究成果《互联网与思想政治工作概论》。该书对思想政治工作进网络做了较系统的探讨，尽管书中没有明确界定"网络思想政治工作"的概念，但研究者从政治学、社会学、文化学、伦理学、法学、心理学、交往学等视角审视了互联网对思想政治工作的挑战，并对网络思想政治工作的原则、内容、方法、途径、环境等问题做了全面的论述。其后，谢海光等以国家社会科学基金重点项目的研究等为支撑，于 2001 年、2002 年、2006 年分别出版了《互联网与思想政治工作实务》《互联网与思想政治工作案例》《思想政治工作网站创新》等系列成果著作，对网络思想政治工作的研究和思想政治工作进网络的实践产生了较大影响。

3.关于网络德育的研究

2001年,李先海、刘艳华在《高校网络思想政治教育建设的思考》一文中指出,网络社会不是真空地带,同现实社会一样,也需要思想政治教育的介入,那就是网络思想政治教育。目前,高校网络思想政治教育还很薄弱,还非常不适应信息网络技术发展的形势,必须引起高校和高校主管部门的高度重视,进一步加强网络思想政治教育建设,为21世纪培养合格的建设者和接班人。李高海认为,必须将工具性价值与人文性价值有机结合起来界定"大学生网络思想政治教育"的概念,把握大学生网络思想政治教育的对象、思想文化传播和教育的目的。据此,他认为,大学生网络思想政治教育是指,抓住网络的本质,针对网络的影响,把握大学生的身心特点,围绕现代思想政治教育的目标和内容,在网络空间里开展的旨在提高大学生的网络文明素质的一系列网上虚拟实践活动。它是大学生思想政治教育在新领域的新方式,是大学生思想政治教育现代化的必然趋势。网络思想政治教育是根据现代传播学原理和德育理论,以互联网络为媒介来实施的道德教育活动。在网络德育的相关研究中,理论工作者始终清醒地认识到应该不只是静态地研究网络道德的内容,而应着重强调如何动态地实施网络德育,实现从被动研究网络道德到主动实施网络德育。

在上述成果中,关于"网络思想政治工作"的研究,采用了广泛的社会政治、思想和文化的视野,凸显了网络思想政治工作的社会性质。因此,网络德育的内涵是丰富的。从某种意义上讲,网络德育是指使网络活动主体在网络实践活动中掌握并遵守人与人之间的一系列道德准则和规范的教育活动。具体来说,从德育的发展历程来看,网络德育是一种现代德育而不是传统德育;从德育的发展形态来看,网络德育是现代新形态德育而不仅仅是德育方式;从德育的具体表现来看,网络德育的集中表现是"虚拟德育";从德育实践来看,网络德育是德育主体在信息知识传播、学习、运用、创造过程中的德育活动。

第二节　思想政治教育网络环境概述

在校园网络信息环境中,校园网络是信息传播的途径;而作为校园网络的主要使用者,大学生既通过校园网络发布信息,又使用校园网络来获取信息,他们是校园网络信息的传授主体。大学生对信息的辨别能力将会左右校园舆论的发展。因此,对于高校思想政治教育而言,校园网络信息环境已经成为一种新的教育环境，教育工作者必须紧紧抓住这一新的信息环境的关键要素及其作用关系，构建网络实现政治教育的新模式，从而实现合规律性与合目的性的有机统一，推动思想政治教育工作的发展与创新，为大学生思想政治教育营造健康的网络环境。

一、思想政治教育网络环境的基本特点

网络即国际信息互联网络，是指集通信网络、计算机、数据库以及日用电子产品于一体的电子信息交换系统。它是当今世界上最大的信息集合体。自 20 世纪 80 年代以来，它的应用已从军事、科研与学术领域进入商业、传播和娱乐等领域，现已成为发展最快的传播媒介，是继报纸、广播、电视之后的又一新媒体——"第四媒体"，具有信息资源丰富、传播迅速、双向交互、服务个性化等特征，这是传统媒体所无法比拟的。

（一）虚拟性

网络的虚拟性就是把人的实践活动转移到以网络为基础的比特空间。网络用户在比特空间彼此交流、获取信息，而这个空间是一个世界性的共有的虚拟空间。网络行为也是虚拟的，它只是通过技术使人有身临其境的感觉，而且人们往往按自己的喜好来设计在网络中的形象、语言，其身份通常是不真实的。但是，网络技术并不能把客观世界的万事万物照搬到网络世界，它只是以文字、声音、色彩、图片、动画、影视等现代科技表现手法，将其再现于网络世界。

网络环境是一种不同于真实的物理空间的虚拟现实环境，凡是现实环境中存在的活动都可出现在网络环境中，且可以不受时空束缚。具有"网络空间哲学家"之称的迈克尔·海姆（Michael Heim）把"虚拟实在"定义为"是实际上而不是事实上为真实的事件或实体"，认为模拟性、交互作用、人工性、全身沉浸、网络通信等是虚拟实在空间的基本特征。虚拟实在的网络平台有益于提升人的主体地位，张扬人的个性，放大人的本质力量，有利于消除人们社会交往的时空障碍，使异地的"面对面"交往成为可能，改变人们的认知方式和情感体验方式，拓宽人们的视野。但也产生了虚拟与现实的矛盾，虚拟交往的匿名性和隐蔽性容易产生蒙面狂欢的效应，降低人们的责任感，引发人们的道德失范行为。网络社会场域是基于信息网络技术平台上的"虚拟实在"环境，思想政治教育网络环境是网络社会场域和现实空间的结合，其虚拟实在性客观存在。

（二）平等性

平等性主要是指网络用户之间的关系是平等的，每个用户既是信息的接受者，

也是信息的传递者。网络没有地域的界限，没有国界，任何信息瞬间可以畅通无阻地到达地球上任何一个联网的终端。它并不强制规定什么思想可以传播，什么言论可以发表，什么话题可以讨论。与其他信息交流手段相比，它更少受到束缚和羁绊。网上一切资讯的传播与获取都是自由的。一旦各类信息进入网络，那么，所有与网络连接的人们只要拥有简单的上网设备，就都可以上网获取信息。因此，网络社会真正实现了用户人人平等，信息人人共享。

（三）交互性

网络是以平等为口号的自由交互空间，与报纸、广播、电视等形成的传统媒介环境相比，网络环境更富有自由交互性。网络的交互性主要有两类，一类是实时交互，另一类是非实时交互。实时交互指用户每做出一次选择，马上就能得到回应，如网络聊天即属于实时交互。而非实时交互是对一方发出的信息，另一方不必或不能及时回复，网络可存储该信息，以供对方回复时查阅，如电子邮件即属非实时交互。总之，网络信息匿名的特征，使网络成员在虚拟空间平等交流成为可能，人们可以无所顾忌地敞开心扉交流和发布信息。而交互式沟通，则使人们能更从容地选择和吸纳信息。因此，在网络社会，网民缺乏的并不是信息资源，而是筛选信息和自我约束的能力。

在网络世界里，人们可以随时随地进行信息的交流，且不受时空的限制。不管你身处何方，身份如何，只要你能操作电脑上网，就可以实现如下权利：第一，主动选择权，根据自己的需要主动对信息进行甄别、选择，获取自己所需要的信息，而不再只是被动接受；第二，发表意见权，通过网络向信息输出者或他人提出建议，发表见解或文章；第三，即时参与权，可以自由平等地不受时空限制地参与网上的各种活动，实现与网络、与网络信息的互动，既可以成为信息的接受者，又可以成为信息的发布者、传播者、评论员或反馈人。

各种信息以光速在网络中进行传输，极大地延伸了人们的网络互动的行动空间，人们足不出户便可获取大量的信息，了解外面世界，而且人与人之间的网络互动在大容量、高速度的网络支撑下也开始发展到不总是面对面地进行了，从而使得在现实环境中的人际互动行为过程所必需的时间和场所被大大地压缩甚至被取消了。

（四）开放性

网络空间的开放性拓宽了人们的视野，扩大了人们的交往领域。但网络社会场域打破了现实社会空间中各种"围墙"的阻隔，模糊了公共领域与私人领域的界限，使一些原本处于现实生活"后台"的东西走向了"前台"，融合了社会化的不同阶段，改变了人们许多传统的观念；网络化逻辑的"非中心"结构，影响到网络社会场域的结构，使现实生活中处于边缘地位的一些亚文化走向了网络社会场域的中心，削弱了现实社会中主流文化的主导地位；国外一些发达国家也通过网络向全球传播其意识形态、价值观和生活方式，给发展中国家民族文化的生存和发展带来了挑战。思想政治教育网络环境的开放性给思想政治教育的顺利开展提出了诸多难题。

二、网络环境对高思想政治教育有效教学的影响

（一）高校传统价值观的输出受到挑战

网络环境中纷杂的信息导致大学生价值取向的偏差，信息的污染影响着其是非判断和行为选择。过去大学生接收信息的主要渠道来自教师，其内容经层层把关，不良信息已经过滤。随着网络信息在全球的高速传递，一些享乐主义、拜金主义和极端个人主义的思想充斥在网络中，使大学生难以辨别真善美丑，这些思想对大学生思想意识的影响较大。

网络环境直接影响传统教育价值观的建立。传统的思想政治教育方式是教育和管理并重，尤其注重面对面的教育方式。当代大学生开始用一种全新的眼光来看待与自然、社会和他人的关系，思想观念和生活方式也随之发生变化，表现出与以往截然不同的特征。一是在世界观方面，通过网络这一宣传渠道灌输西方思想和政治意识，兜售资本主义的民主、自由、人权等价值观成为意识形态斗争的第一战线，高校不能不防。二是在人生观和价值观方面，部分大学生打破了学习与娱乐、时间与空间的界限，出现了追求个人的绝对自由、个人主义膨胀的不良生活态度。三是在人才争夺方面，科技至上的思想愈加浓厚。

信息时代的大学生通过多种渠道，特别是互联网了解信息，接触信息。与此同时，他们在不同的价值观念、文化观念、道德观念的撞击和影响下，在思想行为方面，也形成了如下鲜明的特点：首先，他们开始从多角度出发认识问题，不再简单按照教育者规定的纵向思维方式理解事物；其次，他们不再满足于对问题进行简单总结，而是更主动、更自觉地提出为什么；最后，他们在比较中鉴别，将各种信息、各种观点摆到一起，运用自己的鉴别力分析判断、做出选择，进而指导自己的行为。

随着改革开放的深入，思想、道德、文化、观念等呈现出多元化的意识形态趋向。在校大学生作为最敏感的青年群体，对这种思想、道德、文化、观念的开

放有一种本能的追求。大学生希望接触不同的思想，了解不同的文化，听到不同的声音，看到不同的生活，进而去感受它们、认知它们、鉴别它们、体验它们。但这些无法从传统的大众传播媒体中去获取。而网络世界则是一个开放的信息源，各种思想、道德、文化、观念都可以在这里找到踪迹，相互间产生争鸣。随着受教育者逆反心理的出现，传统价值观将要面对的挑战会更加严峻，因而思想政治教育教学的有效性也不免会受到影响。

（二）大学生道德水平下降，师生之间沟通困难

在多元价值冲突的时代，道德教育本身的价值取向应当如何定位？道德教育的价值引导是否必然是一种精神强制？学生所养成的德性与道德教育的目的相去甚远，是单纯的教育技术问题吗？目前我国的道德教育以灌输为主，已成为公认的问题，为何不能彻底解决？道德教育系统本身生态失衡：要求学生有独立人格与个性，有创新意识，学校生活却处处是严格的、不可置疑的规范等。随着互联网的大范围普及与发展，高校道德教育面临严峻的挑战。

在互联网上，存在着不少不健康的信息，其中有不少色情信息，这对大学生身心的危害很大。通过网上不良信息的引诱，部分大学生会把拜金主义、享乐主义、极端个人主义与美联系起来，从而忽视内在精神美的追求。而且，泛娱乐化导致部分大学生审美品位降低。大学生一般计算机水平较高，在网上调阅色情网页并非难事，因此，如果没有自觉抵制黄色诱惑的毅力，大学生一旦堕入"黄潮"之中，其后果可想而知。因此，网上黄色信息的泛滥对我国大学生群体的严重危害应引起高度重视。

另外，完善的人格是大学生所必须拥有的。网络的开放性、匿名性既给予了大学生极度发挥的空间，同时也为他们放纵言行提供了有效的"保护伞"。大学生若沉迷在网络之中，长期下来，会有各方面的人格异化问题。网络是一个虚实结合的世界，网络改变了传统社会交往的秩序和规则。然而网络交往势必会侵占正常的人际交往时间，容易造成人际情感的逐渐淡化，使人趋向于社会分隔化和个人孤立化，导致大学生人际关系疏淡，交往能力下降，使得大学生在现实生活中与他人交流的机会大为减少，他们逐渐会变得不善言谈，造成大学生排斥现实生活中的人际交往，不愿或不屑于表达自己的内心真实情感，也不愿接受他人的情感表达，并消极地面对现实社会中的人际环境。如果任这种情况长期下去，大学生势必会丢失了必要的交往技能，产生一种网络依赖感，从而造成其人际交往异化。那么，思想政治教育工作者在与其沟通时，会出现一些障碍。教育者与学

生之间如果缺乏精神上的交流与沟通,那么两者在思想上就不可能实现相互渗透。一些学生不愿意打开心扉,使思想政治教育工作难度加大。

（三）高校思想政治教育理念和方法受到冲击

"教师主体"的观念受到冲击。在网络时代到来之前,教师被公认为是教育过程中的主体,由于他们所拥有的知识和技能都比学生多得多,因而处于主动地位,起着主导的作用;而学生由于其思想行为与一定社会要求之间存在差距,在知识、信息的掌握上处于劣势,故在教育活动中处于被动的地位,是教育过程中的客体。然而,在网络时代,学生通过网络可以获得大量的思想道德教育的信息,从而淡化了教师的信息优势,甚至使后者处于信息劣势的境地。

特别是当网络成为高校思想政治教育的载体时,它所具有的交互性特点更使教师的主体地位受到冲击。与此同时,作为高校思想政治教育中最为常用的灌输法也面临挑战,因为这种方法是以教师具有较高的威信和绝对的信息权威为前提的。因此,长期以来使用的教育方法在今天来看未必行之有效,需要教师进行改进和创新。

思想政治教育工作需要摒弃传统教育模式及旧的教育内容和方法,首先要从思想上不断更新观念,深入了解现代化教育理念,并跟上时代的发展潮流,充分认识网络文化对思想政治教育工作的重要性,积极采取有效措施将网络文化的各种内容与手段运用到思想政治教育工作中;并针对国内教育领域的发展潮流与思想政治教育工作的各种特点,先对网络文化进行全面的了解与深入的研究,取其精华去其糟粕,使网络文化与思想政治教育进行充分的融合,形成先进的、科学的、合理的思想政治教育模式,使受教育者深切体会到思想政治教育的吸引力,从而积极主动地接受思想政治教育,最终促进思想政治教育工作效率的提高。

在思想政治教育工作中,传统的教育手段虽然在一定程度上不适应当前的时代发展与教育潮流,然而其中依然存在比较经典、实用的教育手段,如传统的"一对一思想工作"这种模式的针对性极强,可以针对具体的受教育者,针对其具体情况进行思想政治教育,大大提高了工作效率。这些手段不可以被摒弃,需要对其进行一定程度的改进,继续运用到新形势下的思想政治教育工作中。而网络手段虽然多种多样,易于受到受教育者的关注,然而其中也存在一定的负面影响,如容易使受教育者沉迷于网络。也就是说,网络手段与传统手段各有利弊,因此需要将两者的精华进行充分的结合,并有效地运用到思想政治教育工作中。

第三节　大学生网络政治参与

大学生作为现实政治生活中一股不可忽视的政治力量，是具有较高文化素质和政治素养的青年公民，属于较高层次的利益集体，必然会要求表达其政治利益。大学生政治参与是其充分行使公民的基本政治权利，主动运用知情权、参与权、监督权等一系列权利参与政治生活的过程。而大学生有效的政治关注与政治参与是加强政治社会化、提升其主体意识及综合素养的必要前提，也是推动国家政治文明建设、保证社会稳定的重要前提。随着互联网的快速发展，大学生以自己的方式参与到政治中来。为了使大学生不被一些不良思想所左右，不被一些别有用心的人所利用，高校在大学生网络政治参与方面要做到正确的引导。

一、当前大学生网络政治参与现状

（一）政治关注意识及参与热情较强

随着互联网的普及和飞速发展，网络在社会各领域中的应用逐渐普及并深入，公众在网络交流平台中发表言论逐渐普遍化。越来越多的大学生开始意识到政治与他们日常生活的关系，政治参与意识明显增强，政治关注热情普遍高涨。根据中国大学生研究中心课题组的调查，大学生对政治的热情仍然很高，80.7%的大学生表示很关心和比较关心国内外政治大事，83.8%的大学生表示时常谈论政治。现实社会政治生活中的各类问题，都高度吸引当代大学生的关注，如改革、下岗、失业、国防外交、国家统一、希望工程等。

网络的发展激发了大学生对于政治的热情，然而这种政治参与的热情需要高校适度地引导。高校必须掌握网络舆情的发展特点，并对其对思想政治教育工作的影响进行充分的研究，正确引导大学生网络舆情，从而使思想政治教育工作育人及管理的功能得以充分发挥。基于此，思想政治教育要重视网络舆情对思想政治教育的重要性，积极采取有效措施针对网络舆情对思想政治教育进行一系列的创新，从而促进社会健康、和谐地发展。思想政治教育的功能发挥有赖于网络交流平台，而各大网络平台凸显的影响力也对思想政治教育提出了更高的要求，论坛、贴吧已经成为公众发表舆论的重要场所，加强网络舆情的引导，已经成为当前思想政治教育工作者面临的紧要任务。

除此之外，政治参与的总体状况和主导形式正在经历着从动员型参与向自主型参与转变，从非制度化向制度化转变，从感情型向理性转变。公众的参与意识在不断增强，具体表现在以下几个方面：对参加选举积极，选举是目前绝大多数大学生最直接的政治参与活动，学代会、团代会等重大场合中，大学生表现出相当高的参与热情；对加入政治团体积极，如积极要求入党；对公招考试积极参与，如在大学期间，就有不少的大学生在积极准备着公务员考试，成为国家公务员是许多大学生心目中理想的就业方向。

（二）对政治评价正面、客观，不盲目跟从

网络社会是一个虚拟的社会，是一个不从属于任何人、任何机构甚至任何国家的超越国家和地区界限的全球化社会。在这里，不存在现实社会中的金字塔式的组织管理体制和管理机构，没有所谓的领导与被领导之分，也没有主人与客人之分。但是实质上它依然是人的社会，是人类依靠自己的聪明才智为自身发展所创造的一个新的生存空间。在"人—机"交往背后，实质上依然是"人—人"交往。如果把这种交往称为一种新式"游戏"的话，那么，它的顺畅进行，显然离不开一种新的"游戏"规则。然而，创造这种新的"游戏"规则的不是别人，正是网民自己。从某种意义上讲，网络文化就是网民的文化。作为思想政治教育的对象的学生已成为网络文化的主体，这也是从互联网发展的实际情况中自然而然得出的结论。

在网络环境下，大学生可以获得各种信息，以自由发表观点，也可以与别人进行充分的讨论和交流，他们的世界观、人生观、价值观越来越受网络的影响。而这一影响过程就是一种思想互动的过程。由此来看，网络使得教育时空更加开放。但是，我们需要明白的是，大学生群体政治参与有很大的风险，容易被误导，但是可喜的是，我国大学生对政治前景还是比较乐观的，对一些政治评价也往往比较客观。

我国当代大学生有较高的政治责任感，有明确的政治观点，在政治思想上主动与党中央保持高度一致，对政府的各项工作能够做出比较客观的评价，对国家未来的发展充满信心。例如，国家的一些政策、党的方针，大部分大学生理解并表示支持。笔者在几所高校进行的一次简单的调查中，"基层民主政治"这一政策得到大部分大学生的认同，肯定这一政策的实施进一步激发了大众的政治参与意识，推动了国家的政治民主化进程。同时，大部分大学生对于党的执政能力持积极评价，认为近年来党的执政能力在不断提升，为人民服务的意识得到更充分的体现。

在网络环境下，大学生作为时代的领潮人，既接受了更多有益的信息，但同

时也被一些负面的意识形态所影响。庆幸的是，那只是一小部分。大多数大学生对社会发展过程中出现的问题还是能够结合现实进行理性思考的。对近年发生的一些大大小小的国内外事件，基本能够用一种相对客观的视角去看待事件，用辩证的眼光看到事物的两面性，而不被一些不法分子左右。

学生是网络使用的重要主体，大学生是社会群体中最富有理想和激情、敢于探索和追求、具为开拓和创新精神的群体，他们总是试图打破传统的规范，不断地探求和尝试新的生活方式。在当前的网络社会中，他们总是以开放的姿态把自己的生活纳入网络之中，共享网络文化成果。因此，互联网为大学生更好地了解国家的政策提供了便利的渠道，同时，也为进一步加强和改进大学生思想政治教育提供了新的途径。

（三）政治参与的动机多元化

作为社会上知识层次相对较高的一个青年群体，大学生在社会化的过程中具有更为强烈的个性化的要求，尤其是在网络时代，他们在信息的获取上、在与虚拟社会的亲近上有其特有的优势。当代大学生接受着精英文化的教育，有着丰富的知识、澎湃的热情、活跃的思维，渴望在社会中实现自我价值，主观上有着参与政治的热情与渴望。但同时，由于仍然处在校园中，尚没有形成特定的社会角色，心智上也没有完全成熟，又由于网络不良信息的影响，使得大学生在政治参与目的及参与动因方面表现出一定的独特性与多元性。

这种政治参与的动机多元化多半是由大学生思想政治教育方式的改变催生出来的。网络传播使大学生接受社会教化的"信息传导"方式与传统社会有所不同，"自我实现"的趋向得到增强。传统社会，大学生的社会化始终是在"受动"状态下进行的，主体的选择性较差。家庭、学校、社会都是极具权威性的施教者，大学生是"中弹即倒的靶子"。网络化使人们不再受传统教育中标准化、同步化、集中化的限制，而是可以充分贯彻因材施教的原则，根据受教育者的不同条件和不同需要，选择相应的教育内容、方式和方法。总之，网络环境下，大学生的主体能动性得到了增强，一定程度上的"自我实现"趋向得到了增强。一旦大学生的自我意识得到解放，他们的思想也就得到解放，政治参与的多元化也就形成了。

网络信息环境的开放性，使多元文化、多元价值观在网上交汇，谁对谁错一时难以判别。同时，网络既是信息的宝库，也是信息的垃圾场，学术信息、经济信息以及各种各样的黄色、暴力信息混杂在一起。尤其是一些西方国家极力向世界特别是坚持社会主义道路的中国推行自己的价值标准、意识形态和社会文化。

大学生由于自制力和辨别力有限，在多种观念相互激荡、多种思想相互影响、多种文化相互融合的网络海洋中，他们树立正确的价值观、人生观面临巨大的冲击，从而弱化了大学生的社会责任意识。大学生政治参与动因可以作为促使大学生去做某些事情的心理上的推动力，从而提高大学生勇往直前的魄力和高度的责任感。一般来说，大学生的政治参与动因可分为三种类型：信念型政治参与、分配型政治参与以及利益型政治参与。信念型政治参与是指青年为了实现某种理想、信念和追求而参与政治实践。这一动机的心理基础是人的情感活动，如道德感、正义感、审美感等。其特点是感召力强、动员面广，属于较高层次的政治参与动机。信念型政治参与在青年大学生大规模的政治参与中普遍存在，多是出于政治责任感、政治归属和政治尊重的需要。如很多大学生就对参加各种志愿者组织、参加西部绿化等活动表现出相当高的热情。

（四）大学生社会化进程加快

现代社会学家从人和社会的双向互动的角度出发，认为社会化是指个体在社会实践中学习知识、技能和规范等社会文化，适应社会生活，积极作用社会，创造新的社会文化的过程。大学阶段是人才成长的重要阶段，是社会化过程的一个里程碑。大学生社会化是每一个学生个体在其所处社会环境的互动中，形成个性，内化社会规范，履行社会角色，不断适应和参与社会生活的过程。

在传统的社会中，人与社会的互动是一个在现实生活里真实发生的客观实在，大学生的社会化无非他们实际参与社会生活的实践过程。网络的出现，带来了根本性的变化。网络创造了虚拟的场域、情境和人际交流，既可以使人与社会的互动在虚拟的场景中发生，又可以使人与虚拟的社会发生互动。通过网络，大学生了解到大千世界的各种现象、思想观点和文化思潮，在一个比以往更加广泛的社会环境中学习政治知识和经验。大学生的政治关注包括对政治制度、政治领导、政治理论以及政治文明等社会政治生活的方方面面的认识、了解及评价，其中就包括对学校公共事务管理在内的各项公共事务管理的认识及评价。通过网络，大学生越来越了解我国制度的优越性，越来越坚定跟党走的步伐。

网络不仅为大学生提供了了解我国国情的平台，还为大学生展示自我、参与社会、担当责任和实现自我及社会价值提供了广阔的舞台。网络上已有"中国大学生公益网"的平台，大学生通过网络结盟，参与社会，担当责任。汶川地震、玉树地震时，大学生奔赴灾区进行支援活动。2010年上海世博会和广州亚运会，数以万计的大学生志愿者通过网络，借助微博等平台，分享自己的志愿心得，也在社会上树立了志愿奉献的良好形象。

网络传播具有时效性、互动性、多功能性、平等性、开放性等特点，这些都符合了大学生对包含了群体生活、理解交流等社会化的要求，对大学生社会化过程中情绪情感的发展和自我意识的增强起着重要的作用，消解了大学生个体在交往中的文化和心理需求差异，满足了个体物质与文化发展的多样性需求，从而使得网络成为大学生社会化的新的空间，开辟了大学生社会化的崭新时代。

二、高校引导大学生进行正确的网络政治参与的措施

（一）加强对大学生政治行为的正确引导，提升其政治鉴别力及政治参与能力

高校大学生网络政治参与不仅仅局限于对本国的关注，也要具备国际视野，对其他国家发生的事情也要关心。需要大学生了解的国际政治知识非常丰富，主要包括国际形势、国际政治、世界历史、国际礼仪、国际交往规则、国际基本法律知识、国际语言知识、宗教知识等。下面主要介绍国际形势、国际政治和世界历史。国际形势是指在国际风云瞬息万变的时代大背景下，大学生应通过有效的方式了解国际事务，并能判断其发展趋势。国际政治是指大学生应了解和掌握世界各国，特别是主要大国的政治制度、政治现状、政治趋势情况。世界历史是指大学生应了解和知晓世界各国，特别是主要大国的历史情况，更好地了解和判断各个国家人民的思维习惯和价值取向。网络迅速发展，当代大学生面临中西方多种思潮的冲击，面临多元文化及多种价值观的影响，加上自身的局限性，在政治参与方面时有非理性参与行为的发生。而且，网络上国际政治信息的传播又存在一定的复杂性和模糊性，大学生的判断将会受到干扰，因此，高校时刻要注重对大学生进行积极健康的政治信仰教育，引导大学生树立正确的政治观念、进行理性的政治参与。同时，要注重引导大学生参与相应的社会实践活动，如组织参与"基层挂职锻炼""志愿者活动"等。高校中的社团也可以开展丰富多彩的高质量的活动，以吸引大学生自觉自愿地参与活动，从而不断提升大学生的政治理论素养，修正有悖于现实的政治态度，并在此基础上建构正确的政治价值观，提升其政治鉴别力及政治参与能力，加速大学生政治社会化的步伐。

（二）重视校园网络的舆论导向作用，为大学生创造更好的政治参与平台

网络媒体是信息社会中大众传媒传布信息的一种具体形式，同时也是大学生政治信息来源以及政治参与的最重要途径之一。校园网络作为社会网络的构成深

刻影响着大学生的政治社会化过程，因此高校思想政治教育要牢牢占领校园网络这个阵地，重视做好校园网络积极的舆论导向工作。

在网络时代，大学生通过网络可获得比以往更丰富的信息，了解社会动态和科技状况，加深对所学知识的理解，这有利于解决现代社会经济、政治、文化迅速发展与思想政治理论课教材内容相对滞后的矛盾。另外，在高校网络思想政治教育中，高校网络思想政治教育主客体借助大量的信息可以足不出户就能了解外面的世界，而且不受时间和空间的限制进行全面的交流。但是，网络的便利在很大程度上忽视了对舆论的引导。大学生作为很容易被诱导的群体，高校应时刻提防不良信息对大学生的蛊惑，在舆论引导方面发挥自己的作用，争取为大学生创造更好的政治参与平台。

不仅高校意识到舆论导向的作用，政府也在引导大学生正确舆论走向方面做出了自己的努力。教育部、共青团中央《关于进一步加强高等学校校园网络管理工作的意见》中指出，要"主动占领网络新阵地，牢牢把握网络思想政治教育主动权，要综合运用技术、行政和法律手段，加强对校园网络的管理"。面对这一要求，高校应该创新思想政治教育的方法，可以考虑在网上开设思想政治教育理论课，建设健全的思想政治教育工作网站，建立网络师资队伍；在网上开设如"热点抨击""校园风"等论坛、栏目，引导大学生到网上采用"聊天""留言"等方式发表意见。同时，教师对一些事关政治原则、政治方向，事关政治稳定的敏感信息及时给予正确的政治引导，并加强对网络上消极、负面的政治信息实施有效监控，抑制不良政治信息的传播，为大学生构建一个开放自由而民主的参政平台，吸引大学生积极主动地参与其中。

（三）提升大学生的主体意识及政治认同感，塑造健全的政治人格

社会舆论作为一种具有客观影响力的社会心理因素，能够弥补法律和行政管理的不足，发挥社会控制的作用。因此，高校应加强全校的舆论监控，促进大学生从他律转为自律。高校应通过舆论的方式来褒扬善德善举，谴责和鞭挞不道德的行为，形成扬善惩恶、扶正祛邪的氛围，培养良好的道德风气；引导激励大学生做有道德的网络主人，唤醒大学生个体自觉的道德意识；增强大学生的自律意识和自律能力，使大学生增强主体意识和政治认同感。

那么，大学生该如何强化自身政治社会化的主体意识，提升政治认同感呢？首先，应当认清自己作为国家未来的栋梁在社会政治中应当发挥重要作用，应当主动学习主导的政治文化，有意识地让自己向社会政治人的角色转变。其次，在

政治心理上要积极调适，积极向与社会群体的心理相一致的方向靠拢，如此有助于形成正确的政治认知、积极的政治态度和持续稳定的政治意志。最后，要积极参与各种各样的相关性实践活动，如社会调查活动、创业实践活动等。在实践中，使社会的政治文化逐渐内化为个体的政治文化，形成社会所需要的思想品质、心理素质、行为能力等，以塑造健全的政治人格。

高校大学生主体意识及政治认同感的提升与高校的党组织建设也密切相关。学生党团组织，是高校党团组织的最基本单元，是学生组织生活主要的场所。要加强学习型党支部建设，对学生党团员进行经常性教育，把社会主义核心价值体系融入党团员教育的全过程。针对学生党团员的特点，改进和创新党支部的工作和活动方式，创新教育活动方式，增强活动的教育效果，使党组织的教育活动既严肃认真又生动活泼，贴近学生党团员的思想、学习和生活实际，成为学生党团员喜闻乐见的活动方式。

另外，在组织大学生思想政治理论学习的时候一方面要抓好传统的学习方式，如上党课、举办培训班、举行报告会和组织专题讨论等，有计划地组织好党团员的集体学习，积极倡导党团员自主学习；另一方面要注意当代大学生学习需求的多样性，寓教于乐，进行学习。总之，大学生政治认同感的提升是一项渐进的系统工程，是关系大学生健康成长的大事，必须引起高校高度的重视。高校只有通过从理论到实践，从实践到理论的不断摸索和完善，才能做好大学生网络政治参与建设工作，才能使我国大学生养成良好的网络道德行为。

（四）与其他社会力量共同应对大学生的政治参与

大学生进行良好的政治参与需要各个方面的参与与支撑。大学生自身、家庭、学校社会、大众传媒应形成合力，多方配合，消除大学生政治社会化进程中的种种消极因素，如消除社会不正之风对大学生政治参与的不良影响，为大学生创造优良的政治参与环境。具体做法包括以下几个方面：政府应积极构建良好的宏观环境，包括完善民主法治、建设廉政文化、稳步提高人民群众的生活水准、推进社会主义政治文明及社会的公平正义等。法律和道德规范都是指引、评价人们行为的尺度，都有调节和规范人们行为的功能，都担负着确立和维护一定社会关系和社会秩序的使命，没有法律的支持，道德调整很难形成一个有效的约束机制。法治和德治是现实社会两种有效的治理手段，网络社会的治理也必须通过这两种手段来进行。因此，大学生的网络政治参与不仅需要道德的约束，而且也需要党和政府制定完善的法律法规进行约束。此外，社会的宣传媒介也起到了非常重要的作用。社会的主要宣传媒介应当坚持弘扬主旋律，保持积极的舆论导向；而学校与社会各界都要积极致力于创造更多的让大学生有效参与公共事务管理的机会，从而形成全社会共同关心、推进、优化大学生政治参与的强大合力，实实在在地提高大学生参政的能效感，使其政治参与进入良性循环中。

第四节　创新网络教学模式

大学生越来越离不开网络，对于网络的需求随着社会的发展也进一步增大。因此，促使现代网络在原来的技术特征上又有了许多新的发展：一是网络环境有了新的变化，网络信息传播更加迅速；二是网络主体在信息传播上更有创意。面对网络环境的改变，高校思想政治教育工作者要在这一环境下进行新的力量整合，创新高校思想政治教育教学工作的模式和途径。

一、创新高校思想政治教育网络教学模式的必要性

（一）突破传统教学手段的局限

以前，高校思想政治课教学环境相对比较封闭，但是，随着网络的快速发展与教师教育观念的转变，高校思想政治课教学环境已经发生了翻天覆地的变化。从高校情况看，几乎所有的高校都建立了至少一个网站。在传统教育教学模式中，思想政治课教学内容较为单一，课程体系建设缺乏灵活性，教学方式单调。教师往往采取"一言堂""填鸭式"教学，没有借助多样化的教学辅助手段，缺乏生动活泼的教学方式；注重单纯的知识传授和考试成绩，轻视学生的社会实践能力和政治素质的培养。传统教学方式在很大程度上影响了学生学习的主动性、创造性，思想政治课的教学效果被削弱。

当前已经形成的网络环境，对大学生思想政治课的学习起到了推动作用。首先，从网络的应用情况来看，网络可以成为理论课教育的第二课堂。网络上自由与开放的内容是高校思想政治课教学的重要延伸和补充，具有较好的教学效果。例如，有些学校利用微博等平台，打造丰富多彩的网络课堂，理工科专业立足学习发展需要，发起"微实验室"学习活动，增进师生交流；文史类专业开设"读书·微学习"活动，开展讨论交流。理论课课堂与网络课堂形成了良好的交流，实现教师与学生之间的教学相长。不仅师生之间的网络互动很重要，学校之间也很重要。因此，各高校内部和高校间也都建立了网络教育平台，这为高校内部及

高校间实现大学生思想政治课教学资源的共建和共享提供必要的保障，在一定程度上也为大学生开展广泛、深入、持久的思想政治课的学习奠定基础。其次，网络环境的形成对高校思想政治课教师的教学行为产生很大影响。在传统教学环境下，教师依靠"一本教材、一支粉笔"就可以开展课堂教学了，其具体表现是教师在课堂上讲授，一般采取知识的单向输出或者准双向交流。这种教育内容、教学方式局限性比较大，与当前学生的网络化学习需求有很大差异，教学效果不明显。

网络交流互动工具的多样性和功能的丰富性极大地满足了教育主客体之间的互动需要，使交流互动活动变得更加便捷；大学生网络思想政治教育的交流互动性打破了传统的单一方向的交流形式和灌输式的教育模式，网络教学充分利用了计算机技术、网络技术、多媒体技术等，使教学材料的展示更加灵活、形象、生动。网络教学使原来单纯的基于归纳式演绎的讲解，转化为基于"情境创设""主动探索""协作学习""会话商讨"等多种新型教学方法的综合运用，形成一个现实与虚拟、个别化与大众化相统一的有效教学模式。该模式克服了传统教学"灌输式"的弊端，同时又充分发挥了高校思想政治课教师在学生学习、生活中的重要引领作用，在"网上"与"网下"形成一种双向互动的良好师生关系。教育主体也更加尊重教育客体的主体性和地位，教育客体主体意识和自主性被激发出来，主客体间可以在更加宽松的环境、更为轻松的氛围和更具平等性的空间中进行对话。通过情感上的交流、思想上的碰撞，引导受教育者自觉接受并形成正确的思想，践行正确的言行。

总体来看，网络为传统理论课教育改革带来了机会。广大思想政治理论课教师要积极利用网络平台，传播正能量，引导大学生思想政治观念的转变。

（二）促使教学内容更接近现实发展

网络环境下，高校思想政治教育内容的开放性源于信息交往实践的广泛性和网络传播的开放性。信息尤其是信息网络是一个开放的空间，它包含着丰富的文字、图片、声音、视频等资源，任何事物都可以以一种作为价值形态的信息的方式存在于其中。信息的流动性和信息社会的开放性，使得新时代高校思想政治教育的内外生态环境发生了重要变化，传统思想政治课教学所采用的备课、讲课、作业、考试等教学环节和选择的教学内容，已满足不了形势发展的需要，高校思想政治教育内容逐渐呈现出全方位的多元性与开放性特征。

随着信息技术的发展与广泛应用，人类交往实践的新矛盾、新问题会层出不穷，大学生的思想认识也会随着视野的不断拓宽，会随着所接触信息的日益丰富而不断发展，高校思想政治教育将会遇到许多新的问题与挑战，这些变革都要求高校思想政治教育内容处于开放与开发、发展与创新的状态。与此相适应，高校思想政治教育要摆脱传统的以一种静态地、封闭地看待和处理问题的方式，处理好教育理念、教育方式、教育内容的相对滞后性与信息交往实践不断发展之间的矛盾，以启发、探究、自主学习、互动交流等为教育的基本形式，根据网络社会发展的新实践，不断添加新的教育内容，不断创新和发展教育内容。比如，一些重大政治事件在没有任何官方消息时，网上的消息、评论早已铺天盖地，学生在教师授课前就早已有了自己的观点。如果教师还是不顾周边形势的发展状况，一味地按照老一套理论课模式向学生灌输教条，就会使学生反感并质疑教师的可靠性理论和现实的脱轨，这对于教学目标的实现是非常不利的。有人说，当教学过程中学生的学习兴趣被激活了，学习行为发生时，教学过程才真正产生。当学生对教师的教学产生怀疑甚至否认，这样的教学是低效甚至是无效的。因此这就要求思想政治课教学必须结合实际，教师在其多媒体教学中适当借助网上报道的大量即时发生的事件及议论，及时调整教学内容，认真进行分析、评价，将理论教学与网络教学有机地衔接，将课堂理论教学与现实世界有机地紧密联系在一起，这是思想政治课教师贯彻用实践检验真理，理论联系实际的最直接做法。同时这种教学模式还有利于及时吸收当前的新成果，以弥补因教材出版和使用周期而造成的某种滞后性，让学生心悦诚服地接受其价值观导向，从而提高大学生思想政治课教学的时效性和有效性。

（三）增强学生学习的主动性

网络为师生提供了一个开放的互动平台，使教学成为在教师引导下交互式的双向活动。在网络社会的虚拟空间里，学生更容易抛开顾虑，表达内心的真实想法，因而有助于促进师生之间的交流，有利于教育活动的深入有效进行。当前，高校校园网络建设取得明显成效，校园网已深入教学、科研、社会服务等各个领域，成为高校师生获取信息、丰富知识、学习交流的重要渠道，在推动教育改革发展、促进思想文化交流、丰富师生精神生活等方面起到了积极作用。校园网络技术的发展和普及，拓展了思想政治教育工作的新途径，为加强大学生思想政治教育带来了新的机遇，对大学生思想政治工作产生积极的影响。丰富的网络信息，使大学生冲出了相对封闭的校园天地，进入一个五彩缤纷的新世界，使他们知道了许多前所未有的新事物，使其主体意识迅速觉醒并不断增强。他们不满足于教育者的灌输，而是积极主动地猎取各种思想政治教育的知识和有价值的信息，不断探索人生道路上的心态困惑、理想迷茫和精神求索，与教师实现良性互动。同时，构建网络教学还可以使多个学生针对同一内容，彼此交互合作，以达到对教学内容比较深刻的理解，提高学生的协作学习能力。

由此，网络为我们提供了一个新的、不断发展的思想政治工作阵地，我们可以及时占领这个阵地，不失时机地利用这种有效的传媒，转变高校思想政治课网络教学以教师为中心的教育观念，实现以学生为中心的教学格局。学生可以自主确定学习内容和安排学习进度，增强学习的主动性。学生可以在网络的学习环境中获取更多的知识。在学习过程中，随着信息量的增大，学生的视野不断拓宽，学生的学习方式、思维方式也会逐渐改变，自主学习能力不断增强。

网络发展给大学生带来诸多便利，同时也给高校思想政治工作带来许多新的机遇。如互联网拓宽了高校思想政治工作的空间和渠道，使广大师生"足不出户，尽知天下事"；互联网有利于教育观念现代化，它变学生被动接受教育为学生自主学习，变思想政治教育由单向灌输为双向交流互动；网络信息集知识性、娱乐性、趣味性和政治性于一体，极大地提高了网络信息在思想政治工作中的时效和影响力。因此，高校如何充分利用网络等现代传播手段，搭建起有效的思想政治教育平台，积极开展网络条件下的思想政治教育，用马克思主义占领高校教育阵地，是一个非常重要和需要进一步解决的课题。

二、创新高校思想政治教育网络教学模式的原则

（一）以人为本原则

随着网络传播媒介的发展，越来越多的信息在丰富的网络媒介传播中以生动、快捷的形式呈现在我们面前。网络信息的便捷、丰富、经济正是以其独有的魅力吸引着大学生的眼球，个人对社会的关注也因此变得更加多元化，这无形中也就削弱了大学生对传统思想政治教育模式的关注热情。

和传统的思想政治理论课教学一样，网络教学的对象也是人，只有激发学生的主动性，教学内容才能真正地内化为学生的知识，提高学生的能力和觉悟。因此，教师要充分尊重学生的主体性，在更宽松的环境下设置疑问和互动环节，乃至让学生面对一些合理的情景再现和陷阱式问题，让学生在网络上主动地发表自己的意见和看法，与教师积极探讨，在争论、纠错和价值澄清中实现价值观的重塑。在此过程中，教师只能是积极地充当引路人，通过入情入理的商讨引导学生接受并形成正确的观念，而不是一味地以学术权威自居。当然，网络教学模式强

调学生主体性也同样不能忽略了教师的引导作用。一味追求学生身外的东西又忽略教师自身资源的开发和利用，将原本是人与人的交流，变成了人与机器的交流、人与屏幕的交流，恐怕这样的教学未必是高效的。网络教学的很多关注点的确能一时地引起学生的兴趣，但这往往只是好奇心使然，而不是学习的热情。如果在网络教学模式中忽视教师的作用，没有发挥教师的合理引导作用，利用学生的兴趣来激发其学习的热情，使其真正参与到对知识的探索与思考中来，这将不是真正的以人为本，以学生为本。以学生为本，是要在教师的合理指导下激发学生的学习热情。因此网络教学以人为本原则要求学生发自内心地渴求知识，调动其积极性进行学习。

（二）师生平等原则

网络环境下高校思想政治教育主体的平等性表现在两个方面。

一是主体地位的平等性。网络交往的隐蔽性消解了传统人际的"社会的樊篱"，教育者与受教育者的身份、年龄、性别等符号不复存在。在网络空间里，每个人的地位都是平等的。

二是主客体的不确定性。换句话说，教育者和受教育者的身份是不确定的。在互联网迅速发展的背景下，传统的金字塔式的知识等级结构已经土崩瓦解。在互联网上，成年人的反应往往比青少年迟钝。青少年在网上轻车熟路，来去自如，通过互联网获取大量的知识和信息。很多时候，青少年反而成了成年人的电脑启蒙者。

因此，在高校网络教学实施过程中，由于空间的开阔，教育双方在思想的表达上，比起面对面的交流来说更加游刃有余。网络教学模式赋予了学生在教育活动中的自主权和主动权。因此，教师在网络教学过程中，应以更人性化的形式加强与学生的沟通，使自己发出的教育信息获得学生的共鸣，从而让教师成为影响学生思想形态的引导者，最终达到帮助学生自我教育、自我塑造的目的。因为在网络教学这样一个特殊的媒介式教学环节中，学生已经不再是被动地接受，由于主客体关系的模糊性和相对性，他们往往会在教学过程中以其自身的思想观念对教育内容做出取舍，抛弃其认为不合情理的部分，留下其具有高度认同感的价值观念和知识。因此，在网络教学中，教师要充分利用并遵守网络交流方式的平等性原则，增强师生之间的情感交流的真实性和直接性，让教育更加人性化。

（三）共建共享原则

网络最大的优点之一在于资源共享，那么教师在教学过程中自然也就更应该积极地顺应这种特征，学生所希望的也正是通过网络教学这种现代方式来争取学习的主动权。因此教师就需要想方设法在教学网站上注入更丰富的信息，让学生能够拓宽视野，了解社会动态和科技状况，充分了解当前社会经济、政治、文化的发展轨迹。更重要的是，要及时修正思想政治课教材中相对滞后的内容与观点，让学生走在时代的前方。在资源的享用上，教师和学生的角色往往要发生置换，在浏览网页选择和吸收各种信息时，学生是以受教育者的身份出现的，而在参与各种信息发布等实践活动，将自己的思想、观点、看法传播出去时，学生又成了教育者。因此在网络教学过程中，师生关系需要进一步融洽，角色不断地进行交叉更替，从而促进思想的传播。

三、创新高校思想政治教育网络教学模式的保障

（一）构建高校思想政治课网络教学平台

思想政治教育主题网站，尤其大学生网络思想政治教育的主题网站主要由高校建设，是加强和改进大学生网络思想政治教育的重要阵地。其手段是思想政治教育工作者按照网络运行规则，通过相关网络建设和网络思想政治教育信息的制作、传播和控制，营造良好的网络环境；其目的是使受教育者的思想观念、政治观点和道德规范等符合社会需要。教师可以依托这样的平台开展网上教学的各项活动，包括课程内容、教学课件和其他教学资源的上传浏览，作业的布置与批改，师生网上交流，学生自主学习等，为教学提供全面支持服务。思想政治课网络教学平台实质是集舆论宣传、思想交流、提供服务、提升素质于一体的寓教于乐的网站。作为具有较强互动功能的大学生网上精神家园，它无疑将成为展示大学生时代风貌、服务大学生成长成才的平台。

高校思想政治课网络教学平台内容主要包括课程基本信息模块、课堂教学互动模块和作业与测试模块。课程基本信息模块包括课程简介和教学资源两部分。合理使用课程基本信息模块，可以提升网络平台应用效果。与时俱进地改变课程的基本介绍的内容，结合教学改革改进教学大纲的内容等，可以提高网络课程对学生的吸引力，进而提升网络辅助教学平台的使用效率。课堂教学互动模块应该是思想政治课网络教学平台的主体部分，主要包括课程的答疑讨论、问卷调查、师生讨论、在线留言四部分。灵活使用该模块，对促进师生交流、提升教学效果有明显的作用。作业与测试模块属于学生参与网络辅助平台的应用部分，包括课程作业应用、课程在线测试等内容。课程作业是学生学习反馈的重要内容之一，也是网络平台上师生互动的主要形式之一。教师注册后可以及时地在线发布作业，

通过网络辅助教学平台，学生能够及时地接收作业，并且完成后可直接提交给教师，实现作业的无纸化管理。通过布置适时适量的网络课程作业，教师可以了解学生的学习效果，掌握学生的学习动态。

网络是当代青年学生沟通、联络、聚集的重要平台，因此也是高校思想政治教育工作者了解青年学生的窗口。在这种虚拟的场所里，教育者和受教育者并不需要面对面的交流，因此它在一定程度上可以使受教育者克服胆怯心理，相对真诚地表达出自己真正的想法和看法，为教育者能真实地把握受教育者的思想动态提供一个相对来讲比较有利的条件，也使得教育者可以针对受教育者的思想状况进行有针对性的引导。但是网络教学平台要成为有效教学的重要手段，其功效的发挥还不仅仅于此。这就意味着在这种虚拟的网络环境中，教育者不能缺席，必须重视教育者的参与，这种参与更加强调的是教育者和受教育者的交互性，要求教育者从受教育者的心理出发，更加平等地和受教育者进行沟通和交流，从而促进学生知识、情感、能力三维目标的实现。另外，网络平台不仅仅可以作为教学手段，也可以快速传播校园之中的一些关键信息，如思想教育、心理健康、就业创业等，通过链接的形式实现信息的同步发布与共享。这对于高校和大学生来说都是非常有益的事情。

高校建设网络平台，是需要遵循一定的规范的，必须紧扣党的统一要求，立足网络时代带来的机遇与挑战，积极响应、及早介入、主动作为，通过正确、积极、健康的思想、文化和信息，切实有效地占领网络思想阵地。通过广大思想政治教育教师运用网络发布心得与感悟，从而带动广大学生明辨是非、真假。广大思想政治教育教师通过运用网络平台的内容，增强校园网络平台的吸引力、感染力。当然，在遵循一定的网络平台构建规则外，还需要对校园网络进行监督。网络舆论监督是一个新领域，应有专门的机构和法律来规范网络舆论。一是要加强国内的网络管理，积极发展和正确引导网络文化事业。二是要加强对学校网络的监控，注意收集、分析网上的信息，保留并扩大有益信息的影响，阻止有害信息入侵校园网。三是要规范网络运行，引导学生树立正确的网络观念，增强学生上网的法治意识、责任意识和安全意识。四是要结合学校实际，制定网络管理的规章，如"关于大学生使用校园计算机网络管理办法""关于严肃网络纪律的通知"等，以规范网上秩序，严肃网上纪律。五是要加强对学生日常生活的管理，教育学生处理好上网与学习的关系，引导学生合理使用网络。

（二）加强网络思想政治教育队伍建设

实施思想政治教育的主体是人，而且网络是由人创造、由人使用的，人在网络思想政治教育中的作用永远是第一位的。大学生网络思想政治教育实践中出现的问题，很大程度上是由人的素养不足导致的，无论是思想政治教育主题网站的维护还是思想政治教育网络课程的申报和开设，都离不开具有坚定的网络思想政治教育信念的、掌握一定网络技能的、负责任的网络思想政治教育者和网络思想政治教育队伍。思想政治教育能否利用网络或者说思想政治教育能否在网络环境中取得最优的效果，关键因素在于人。搞好网络时代的大学生思想政治工作，必须有相应的人力资源，我们要培养一支既有较高马克思主义理论水平，又懂得网络技术、了解网络特点、善于运用网络进行宣传的思想政治教育队伍，以科学生动的内容、丰富多样的形式，充分利用网络阵地进行大学生思想政治教育。

1. 提升大学生网络思想政治教育者个人能力

网络思想政治教育队伍成员应该具有政治上的敏锐性和工作方法上的艺术性，在网上做好一个聆听者、讨论者、闻问者、解答者、整理者、服务者、建设者和联系网络与现实的沟通者。这就需要大学生网络思想政治教育者在观念上得到转变、在技能上得到提升。首先，转变教育者的观念。传统的思想政治教育者具有多年的思想政治教育经验，形成了一定的思想政治教育的方式和方法，往往不愿也不善于主动使用网络等现代化教育方式。网络思想政治教育的实施，迫切需要转变思想政治教育者的传统观念，使其认识到大学生网络思想政治教育发展的趋势和重要性，提升网络使用技能，丰富思想政治教育平台。其次，提高教育者运用网络的技能。部分教育者的网络知识薄弱，难以充分利用网络资源，需要相关部门加大网络技术培养力度，通过网络知识培训、教育基地研习等方式，帮助教育者提高网络技能，使教育者能够熟练地操作网页，了解热门网站及应用，提高教育者网络专业化水平。最后，引导教育者争当意见领袖。意见领袖就是在信息失范的情境下，以极具说服力的言辞和自身的威望对网络舆论进行引导的人。网络舆论的难控性和影响力要求网络思想政治教育者具备网络意见领袖的素养，成为大学生网络舆论的指向标和领航者，引导大学生网络舆论和思想行为的正确方向。

2. 建立精干的专职队伍和兼职结合的网络思想政治教育队伍

专职的网络思想政治教育队伍需要把握网络环境下大学生思想政治教育的基本内容，通过在网上宣传党的路线方针、政策，弘扬中华民族优秀的传统文化，宣传社会主义现代化的建设成就，使大学生坚定马克思主义和共产主义信仰；需要及时地调查研究大学生的思想动态和关注的热点问题，通过理想信念教育、形势政策教育、网络道德和法治教育等，有针对性地解决大学生的思想倾向问题，做好网络思想政治教育的引导工作；需要在网上宣传学校的成就和重要的政策、措施等，推进学校的校务公开和决策民主，开展网络和实践活动，丰富大学生的课外生活。此外，还应有一支覆盖面广、思想觉悟高、政治立场坚定的兼职网络思想政治教育队伍，这支兼职队伍涵盖大学生辅导员、党政干部、德育教师，也可以包括有责任心的社会名人和网络上的意见领袖以及其他有益于开展网络思想政治教育的人员。他们可以通过各类网络思想政治教育平台和载体，参与交互性较强的网上栏目，与大学生网民以平等的身份进行交流，了解学生的真实意见，引导网上舆论的导向，努力使正面的信息处于主导地位。

（三）肯定教师在虚拟课堂中的主导性

作为理论课堂教学的重要补充，高校思想政治课网络教学环节的实施，需要教师在紧紧把握教育教学大纲的前提下，注重教师合理的导向功能。传统的教学方式更多的是植入性教学，明确、直接地将教育目的、教育内容以及相关信息传播给学生。而网络教学则刚好相反，它是一种渗透式的教学模式，大量的信息出现在学生面前，他们依据自己的需求去了解各种问题，在潜移默化中树立正确的价值观和社会理想信念。因此，教师要尽力发挥教育者的引导作用，主导虚拟课堂的有效进行。

首先，教师要依靠丰富的网络教学资源，构建虚拟课堂的教学空间。网络教学资源是虚拟课堂的基础，教师根据教学的需要，对相关文字、图片、视频等进行精心筛选、分类，制作成教学课件，存放于网络平台中，实现教学资源的远程共享。教师通过运用音频、视频、动画、图片和案例文本等形式，把生动丰富的社会生活资料展现在学生面前，让抽象的理论具体化、让理性的知识感性化。通过网络及时发布和反馈教学信息，教师将清楚地掌握学生在学习方面存在的问题，了解什么学习资料更有助于学生的学习，通过从网络中筛选、优化、整合，为学生选取适合的学习资源，供学生学习。

其次，教师不仅要在现实课堂上与学生交流，还应加强在网络空间的虚拟对话。教师以平等对话、研讨、交流等互动形式，努力用事实说话，引导真理，批判错误，引导学生在不知不觉中掌握马克思列宁主义、毛泽东思想、邓小平理论、"三个代表"重要思想、科学发展观、习近平新时代中国特色社会主义思想的精髓。整个教学环节要保证既能够满足学生学习的自主性，实现以学生为主体的教学方式，又能够避免网络学习的随意性，使网络真正为思想政治理论教学服务，取得明显的教学效果。

最后，作为塑造灵魂的课程主导者，高校思想政治课教师还要在教学过程中极尽育人的功能。网络信息的复杂性使学生处于鉴别与选择的困惑中。因此教师就需要承担育人功能，帮助学生提高辨别力，同时带领学生积极运用网络武器进行科学理论宣传，对腐朽错误的思想言论进行激烈批判，使学生在深入实际的真理辨别过程中，更进一步地加强人格塑造。

第八章 网络环境下高校思想政治教育的 教学实践

进行教育创新，首先必须认识到，教育创新的基础和责任目标是学生，而教育创新的目标和方向是同时代发展方向一致的，所以，必须努力探索和掌握成长于信息化时代的大学生的身心特点，必须根据时代要求充分利用现代科学技术手段，拓宽教学思路，提高教学效果。慕课在思想政治理论课教学中的应用，应该说是新理念与新科技手段对传统教学理念与教学模式的一种全方位改造与升级。

第一节 思想政治理论课从传统教学到 慕课教学的转变

现代世界的发展主要来自两种想象：一是技术的想象，二是文化的想象。而技术想象与文化想象需要以责任目标为前提，相互融合各自的理想设计。对于思政课的教学过程而言，技术想象与文化想象相融合的理想设计，也就是运用新的教学模式实现新的教学理念的理想设计。

一、从传统教学向混合式教学转变

传统的思想政治理论课（以下简称"思政课"）教学，学习地点主要集中在教室，学习时间也是按事前安排好的课表来执行，其学习内容也是之前预定好的。而在线网络课程出现以后，学习的地点由于网络的拓展而不再局限于一个固定的场所，学习时间也可以根据学生的实际情况进行安排。传统思政课教学与在线教学结合起来，形成混合式教学模式，目前，混合式教学模式已逐步成为我国普通高校课程教学模式改革的主要方向。混合式教学的核心目的就是将传统教学的优势和数字化教学的优势结合起来，二者优势互补，从而获得更佳的教学效果。也就是说，既要发挥思政课教师在课堂上以及在网络上引导、启发、监控教学过程的主导作用，又要充分体现学生作为学习过程主体的主动性、积极性与创造性。

（一）思政课混合式教学过程中的教学准备

教学准备包括教室教学与网络教学的课前教学设计。在这个过程中，要融入课堂教学与在线教学中的各类要素。同一单元内容要将网络教学与课堂教学内容进行很好的衔接，确保从传统教学向混合式教学转变的过程中，保障教学目标的实现。

以思政课"中国近现代史纲要"教材中第四章"开天辟地的大事变"为例，传统课堂教学往往要用 2～3 学时完成教学任务，主要由教师课堂讲授完成。在课堂教学中一般根据内容分为四部分来完成，即"新文化运动""五四运动""中国共产党""国民大革命"，每部分用 25～30 分钟来讲授。而在混合式教学中，课堂讲授内容将相应减少，将这四部分以"知识点"的形式，以 15 分钟为一个单位进行视频录像，将讲课内容放在在线平台上，供学生课前学习和课后复习。教学内容要体现短小、精练、浓缩的特点，例如"新文化运动"控制在 15 分钟以内，侧重讲新文化运动兴起的背景、主要内容和简短评价三部分，构成一个内容完整的知识点。需要展开的内容，放在课堂上讲解，作为讲授深度的拓展。比如，在视频内容中讲解新文化运动内容，将其内容提炼为"四个提倡、四个反对"，即"提倡民主，反对专制""提倡科学，反对迷信""提倡新道德，反对旧道德""提倡新文学，反对旧文学"。教师在讲授基本内容后，在课堂上进行内容拓展。如预设"新文化运动新在哪里"这一拓展性问题，让学生结合视频讲授内容，以及之前在网上了解的相关背景资料，在课堂上开展讨论或分组汇报发言，通过课堂探讨和教师总结，形成研究性学习的结论。

（二）网络教学与课堂教学及实践活动相结合

网络教学是将课程内容、教学资源或教学活动呈现在资源平台上。教师教学侧重于对课程重难点知识的讲解和师生之间的沟通互动。通过开展实践活动，让学生运用创新理论解决实际的创新问题。例如，教师将教学活动设计为教学目标、步骤、任务三个模块，学生可以参照模块，结合网上资源进行自主学习。平台设置讨论和答疑区，学生之间结成学习小组在线学习和交流，师生在平台上进行即时的互动。学生要及时完成教师布置的作业并提交到平台上，教师应对学生上传提交的作业进行评价与反馈。此外，可将与创新有关的视频、时事动态、学术研究做成专栏，并设计成 App，使学生随时随地了解信息。

以"形势与政策"课为例，由于"形势与政策"课的内容更新性很强，需要不断结合国内外社会发展的有关问题。例如，关于讨论党的十八届五中全会专题的学习内容，学习和领会为实现全面建成小康社会而提出的"五大发展理念"，即"创新发展、协调发展、绿色发展、共享发展、开放发展"。在课堂教学中，教师集中时间进行大班授课，将"五大发展理念"的核心问题以专题讲授的形式进行阐述。由于该问题涉及内容较多，教师根据教学目标设定，在课外录制若干个模块知识点，配合相关支撑材料，由学生自主学习，同时将学生分成若干学习小组，组织在校讨论。教师以指导者的身份参与和监督网上讨论，并对出现的问题及时进行答疑解惑。教师还要结合知识点内容和讨论中反映出来的问题，给学生布置作业，加深学生对该问题的理解。将课堂教学与在线教学相结合的同时，还需要注重实践教学的运用。在"五大发展理念"教学中，要结合社会发展实际，组织学生开展教学活动。以沈阳市的高校为例，可以结合东北经济发展的历史和现实问题，组织学生调研。例如，参观中国工业博物馆，通过了解百年来中国工业发展的历史，了解传统工业化与新型工业化之间的联系和区别，反映出科技创新在工业化发展中的重要作用。同时，以工业发展为主题，了解工业协调发展的重要性和绿色发展的重要性。通过把课堂教学、在线教学、实践教学三个环节有机结合起来，凸显"混合式教学"的特色和优点，让思政课教学告别单一教学模式。

（三）"混合式"考核评价，形成创新性的考核评价模式

根据思政课混合式教学模式的设计，创新课程的考核评价分为形成性评价和总结性评价。形成性评价是指在思政课教学过程中，通过对学生的表现、态度进行观察，利用提问或测验获得反馈，考查教学目标的完成情况，以修正教学活动而形成的评价，也称为学习中评定。思政课混合式教学包括课堂教学、网络教学与实践教学三部分。创新教育课程的形成性评价包括课堂教学中的出勤情况、课堂讨论发言、创新成果展示、小组讨论表现、创新游戏情况等；网络教学中的测试题库、平时上交的单元练习、网上讨论的表现等；实践教学中的学生参与、动手能力、实验报告总结等。这些数据都要给予详细的记录，是成为形成性评价的依据。形成性评价是对学生学习的过程性评价，可以帮助教师和学生随时了解之前教学和学习的情况，为之后的教与学提供参考。总结性评价是指学生最后结论性的考试，这种考试也要打破传统的"一张卷"定成绩的状况。例如，可以把传统的试卷考试与在线测试和总结性评价结合起来。

二、从"单向教学"向"交互教学"转变

传统思政课教学总体上是一种"单向教学"模式，即主要是教师向学生呈现知识内容，而学生的反馈参与却相对不足。虽然在传统课堂教学模式中，教师也力图营造学生与学生的交流互动，如安排课堂发言和分组研讨，但受制于教学时间和学生人数众多等因素，这类交流互动很难实现全体参与和充分参与。建构主义的学习理论认为，要充分发挥学生个体的主观能动性，在整个学习过程中，要求学生能够用探究、讨论等各种不同的方法在头脑中去主动建构教学知识。在知识的有意义建构的过程中，培养学生分析问题、解决问题的能力。教师不是知识的简单讲授者和呈现者，应该注重培养学生对各类问题的理解能力，引导学生提高对问题的认识，并强调学习过程中的相互研讨和交流。

在线教学的优势在于通过网络化的手段，以问题为导向，按照之前设定的教学目标和计划方案，围绕重点问题，师生之间、学生与学生之间开展交流互动。在混合式教学模式下，教师在课堂上用更多的时间来解答学生的疑问，以及对学生的讨论问题进行评价和引导。在课堂之外，主要依托在线平台与学生开展线上讨论和交流，通过互教互学解决学习中的疑难问题，以开放、互动为核心的在线教学能够促进思政课教学从"单向"走向"互动"。按照建构主义学习理论，这种思政课在线教学恰恰做到了"学习活动不是由教师单纯向学生传递知识，也不是学生被动地接受信息的过程，而是学生凭借原有的知识和经验，通过与外界的互动，主动地生成信息的意义的过程"。

思政课教学是一种情感教学占据重要位置的课程教学，在线教学的出现及混合式教学模式的形成，加强了学生与教师之间的情感交流，从原有的课堂交流转变为课堂与在线交流相结合。一方面，课上和课下面对面的交流是思政课教学中必不可少的环节，"亲其师方能信其道"，思想政治教育是一种信仰教育，要让大学生树立正确的世界观、人生观、价值观，就离不开情感的交流、心灵的沟通，不能靠简单的说教与灌输的方式。另一方面，由于现实客观情况，教师与学生面对面的交流受到时间和空间的限制，而网络交流则可以跨越时间和空间的限制，进而收到很好的效果。因此，将情感教育引入混合式教学的过程中，在教学设计中注重引导学生树立正确的思想观念，触发学生积极的情感体验，是使学生从被动接受转向主动求知的重要保障。

相比较于传统课堂讲授，在线资源在情感教育方面有其独特的长处。如通过采用纪录片、图片、动画演示等形式，可以起到更好的情感教育作用。例如，在

"中国近现代史纲要"课程讲授中，关于近代中国人民反侵略斗争的讲述，结合在线资源中的视频，如爱国主义影片的片段，更能再现那段可歌可泣、荡气回肠的历史。当然，利用在线资源时，为了更好地体现混合式教学的特点，要把课堂讨论、在线讨论和相关资源学习结合起来。如在看完视频后，教师要及时组织学生讨论，撰写观后感，进一步结合有关内容开展深层次学习和探究活动，等等。

三、教学从"即定性"向"即时性"转变

慕课教学模式在思政课教学中运用的一个重要教学理念，就是实现思政课教学从课堂教学中内容的静态的"即定性"向动态的"即时性"转变。当今社会正处于一个信息化时代，是知识爆炸的时代，作为人文社会科学的思想政治理论课的教学要实现"变"与"不变"，不变的是教学的指导思想和理论，而教学具体内容和方法则要与时俱进，否则很难产生对学生的影响力和吸引力。正确的理论要依靠良好的内容和形式来呈现，要依托良好的教学方法和手段。传统课堂教学只能在既定时间范围内和空间场所内进行，无法实现即时性教学，无法实现任何学生在任何时间和任何地点都可以进行学习。在线教学引入后，与课堂教学相结合，实现教学内容与方法从"即定性"向"即时性"的转变，进而实现动态化教学。

这种动态化教学对于内容不断更新的思政课教学具有重要的意义。思政课的教学内容，往往与党和国家政策的发展演变、社会热点问题的不断出现密切结合。思政课的重要功能之一，就是用马克思主义及其中国化的理论解释和解决新问题。因此，思政课教材建设也处于不断的动态建设和更新中，全国统一使用的"马克思主义理论研究和建设工程"思政课教材，平均每2～3年要进行一次较大规模的修订，将最新的理论成果体现在教材中。

以"建设中国特色社会主义经济"这部分内容为例，例如，随着我国改革开放的深入进行，国内外经济环境发生了巨大变化，我国经济逐渐进入"经济新常态"。这个新常态之"新"，意味着不同以往；新常态之"常"，意味着相对稳定，主要表现为经济增长速度适宜、结构优化、社会和谐。在教学过程中，要实现讲授内容的动态变化，要结合最新的国家经济政策和最新的教学素材。因此，及时对网上资源进行更新，推出能够反映最新教学内容和时代发展的网络教学资源，就显得尤其重要。

第二节　思想政治理论课在线资源的建设

随着网络化社会相互依赖性的增强，信息传播的受众反馈的问题更加重要，它决定了能否构建起有效的社会联系，达到传播的效应。所以说，在传播革命中，更重要的是信息的接收者而不是传递者。基于这一思想，信息化时代的教育围绕作为教育对象的学生，所要求的教育资源的特性是由学生的特点决定的。

一、视频微课的制作

微课是指基于教学设计思想，使用多媒体技术在 10～15 分钟，就一个知识点进行针对性讲解的一段音频或视频。在教育教学中，微课所讲授的内容呈点状、碎片化，这些知识点可以是教材解读、题型精讲、考点归纳，也可以是方法传授、教学经验等技能方面的知识讲解和展示。因此，相对于传统的 40 分钟或 45 分钟的教学课例来说，微课可以称为"课例片段"或"微课例"。微课是课堂教学的有效补充形式，微课不仅适合于移动学习时代知识的传播，也适合学习者个性化、深度学习的需求。微课的核心组成内容是课堂教学视频（课例片段），同时还包含与该教学主题相关的教学设计、素材课件、教学反思、练习测试及学生反馈、教师点评等辅助性教学资源，它们以一定的组织关系和呈现方式共同"营造"了一个半结构化、主题式的资源单元应用"小环境"。因此，微课既有别于传统单一资源类型的教学课例、教学课件、教学设计、教学反思等教学资源，又是在其基础上继承和发展起来的一种新型教学资源。微课视频及配套辅助资源的总容量一般在几十兆左右，视频格式须是支持网络在线播放的流媒体格式（如 rm、wmv、flv 等），师生可流畅地在线观摩课例，查看教案、课件等辅助资源；也可灵活方便地将其下载保存到终端设备（如笔记本电脑、手机、MP4 等）上，实现移动学习。

微视频是在线课程教学的基本教学资源和核心内容，是思政课开展在线资源共享课的关键和前提。思想政治理论课的微视频制作，既要符合慕课微视频的一般要求，又要体现出思政课教学的特殊性和课程特点。

（一）视频时长的设计

微课要求视频长度不宜过长，这是从学生的接受心理和习惯角度出发的，因此，一般课程的微视频多为 8～10 分钟，以讲授一个知识点内容为主。但具体到思想政治理论课的微视频，需要完成一个完整的知识点的教学，往往 8～10

分钟不足以完成这一任务。思想政治理论课的知识点，往往具有一定的背景内容和理论延伸，不能就理论谈理论，往往需要将理论问题与现实问题结合起来进行讲述。例如，以制作"中国近现代史纲要"教材中第四章"开天辟地的大事变"之第一节"新文化运动和五四运动"为例，其中包括三个知识点：①新文化运动与思想解放的潮流；②十月革命与马克思主义在中国的传播；③五四运动——新民主主义革命的开端。以"新文化运动和思想解放的潮流"为例，需要涵盖"新文化运动的背景、内容和意义"三方面内容。考虑到知识体系的完整性及学生学习过程的完整性，这三个内容都要在一段微视频中呈现，简要介绍新文化运动的背景用时 3～4 分钟，新文化运动的内容是重点，需要用 10 分钟的时间讲授"四个提倡，四个反对"。新文化运动的意义，是该知识点教学中的难点，需要 4～5 分钟讲解。这样，新文化运动这一知识点需要 18～20 分钟的讲解。

（二）视频内容的设计

选择核心知识点，实现内容的"聚焦"作用，是思想政治理论课微视频设计的重要原则。由于微视频是供学生在课下通过自学，完成对课程基本内容的掌握，因此要选择核心知识点，并对其进行系统化设计，同时辅以其他教学资源，实现学生在课下的自主学习。例如，在"毛泽东思想和中国特色社会主义理论体系概论"课程中，讲授"科学发展观"这一知识点，就需要将"科学发展观，第一要义是发展，核心是以人为本，基本要求是全面协调可持续，根本方法是统筹兼顾"这一概念的精髓呈现出来。其中，"以人为本"是核心内容，要注重从逻辑性和科学性上进行解释，侧重从"以人为本是历史唯物主义的一项基本原则""以人为本是我们党的根本宗旨和执政理念的集中体现""以人为本全面回答了科学发展观的一系列基本问题"这几个方面开展学习，让学生在自学中不偏离思想政治理论课中的核心概念。知识点中的概念讲解，要坚持科学性原则，这是微视频设计和录制的最低要求，不能出现知识性错误。这些错误包括不准确的概念解析、不当的举例、不规范的 PPT 设计等。因为与课堂教学不同，观看在线微视频的学生可能是成千上万的，其影响是无法估量的。

（三）微视频制作的原则

第一，前后视频的关联性原则。思想政治理论课课程体系之间是有着内在逻辑性的，在课堂教学中一般按照章节讲授，但微视频一定程度上打破了传统的章节体系，代之以"知识点"结构，因此，在制作视频时要注重上下集视频的相互关联，也要注重各集视频在总体上的宏观一致。

第二，注重内容的时效性。由于思想政治理论课往往与党和国家的政治生活密切相关、与当前社会热点问题密切相关，因此，要不断地把最新的时事热点问题与理论发展方向融入微视频中。

第三，注重基础性。微视频学习是在线课程教学的一个组成部分，它并非教学过程的全部。因此，制作过程中要抓住"知识点"这一最基础的部分，而不是试图解决学生学习的所有问题。

二、相关配套资源的制作

在在线课堂的建设过程中，教师要在网络教学平台定期或不定期发布课程相关的配套资源和线上学习安排，如多媒体视频资料、个人作业、小组任务等。资料的制作、发布及各个网站功能区域的设置，应该按照启发式情境教学的设计原则，层层深入地体现课程的知识架构，一方面帮助学生快速理解知识；另一方面帮助学生拓宽理解和应用的广度与深度，把在线课堂建设成精品资源共享课。

精品资源共享课的网站框架由三大部分构成：一是教育资源的分布，供学生进行学习。课程模块基本一致，所呈现的内容编排也大致类似，学生根据教学大纲等有关学习要求合理安排学习进程。二是课堂的互动，加入课堂互动后，可以和选修本门课的学生进行交流，同时在学习过程中的提问会在此生成，同伴或教师予以解答。精品资源共享课的特点是资源共享，大家可以把认为重要的学习资源上传，方便共同学习。课堂有关的教学活动也会在此发布，只是教学活动都处于设计阶段，目前尚没有应用的课程。三是学生自己的学习社区，这种功能类似于QQ空间或微博的形式，学生可以对自己的学习情况进行管理。

（一）教学课件与电子教案的制作

教学课件和电子教案，是配合微视频完成对学生知识讲授的重要载体，它体现着教师的课程设计和教学内容。课件和教案设计要配合视频内容，将核心理论和概念通过形象化、生动化的表达，让学生更快地接受并消化。简单来说，就是教师用来辅助教学的工具，根据自己的创意，先从总体上对信息进行分类组织，然后把文字、图形、图像、声音、动画、影像等多种媒体素材在时间和空间上进行集成，使它们融为一体并赋予其交互特性，从而制作出精彩纷呈的多媒体应用软件产品。

（二）练习题与测试题

慕课的一个重要特点就是反馈的及时性，即将练习和测试有效地融入学习过程中，实现对学生学习状况的及时检测。在视频制作中，还可以每过一段时间就插入和自动弹出相应的问题，视频随之暂停，学生要结合讲授的内容回答有关问题。如果学生无法回答或回答不正确，则该视频就不会继续播放，这就犹如"通关游戏"一样。这种方式能够有效检测学生学习的具体情况，同时也能让学生在学习过程中保持高度的注意力。

（三）案例的呈现

案例是支持在线课程教学的重要资源，也是学生课后结合视频资源学习的重要载体。良好的案例选择和使用是提高在线课科教学质量、激发学生学习兴趣、完善慕课教学课程体系的重要保障。案例呈现的形式可以是文字的，也可以是视频和其他形式的。从学生的生活体验入手，运用案例等形式创设情境、呈现问题，使学生在自主探索、合作交流的过程中，发现问题、分析问题、解决问题，这样做既有利于发展学生的理解、分析、概括、想象等创新思维能力，又有利于发展学生的表达、动手、协作能力。

（四）学习社区的建构

建立学生自主学习与互助学习的学习社区。学生个人作业、小组任务等学习任务安排，要求设计者全面了解和分析学生的学习基础和学习过程反馈，要通过作业与小组任务的安排让学生对课程基本知识有所储备、有所巩固、有所提高。各小组对协作知识进行共同探讨、相互评估、协商综合，最终形成较为完善的、客观化的集体协作知识或观点，通过网络、环境、资源、认知、协作工具及社交媒体将群体公共知识可视化共享（将报告、论文、设计方案、模型、反思日志等共享发布在网络教学平台）。

三、实现在线互动与学习资源拓展的主要路径

基于网络传播的教育资源，包括文字、图像、声音、视频等，拥有内容丰富、种类繁多、形式灵活、分布开放、交互性强等特点，但是，由于网络信息发布具有很大的自由度和随意性，信息缺乏必要的选择过滤、组织和管理，未经选择过滤、组织与管理的信息又会呈现出极大的无序性，教学价值不一，影响教育效果。所以，思政课要充分利用网络资源，发挥在线教育的正向功能，就需要把科学性、

灵活性和实用性相结合，反复遴选网络教育资源，构建科学合理的网络教育平台，从而最大限度地实现在线互动与学习资源的拓展。

思政课网络教学在线资源建设的目标至少有如下四方面：一是深化教育教学改革，帮助教师改进教学方法与教学手段，通过网络教育资源开发和共享平台建设，实现精品课程的教案、大纲、习题、实验、教学文件及参考资料等教学资源上网开放，为广大教师和学生提供免费享用的优质教育资源。二是把网络教学平台建设成学生的第二课堂，这里不仅包含教学内容的展示与教学材料的拓展，而且为学生提供课后作业、自我测试、考试复习指导等各种网络学习方式，为学生提供更多种方法检验学习成果。三是通过课程讨论区、电子邮件、留言板等设置实现教师与学生之间、学生与学生之间的实时和非实时互动交流，这样不仅有利于培养和提高学生的自主学习能力，而且可以进一步推进探究式、研究性教学。四是通过在线教学平台的建设和应用，从客观上解决师生比失调造成的班型过大，学生个别辅导与因材施教理念无法实现的现实困境，体现学习的个性化。

（一）在线思想政治课内容的拓展

在线教育平台应该为学生自主学习提供多样的素材以及精辟的导读、解析、答疑、讨论等多种形式的内容版块，积极对抗负面的文化信息的影响。通过建设和完善思政课堂版块、时事政治版块、爱国主义教育版块、文化素质教育版块、校园文化教育版块等，多角度、全方位地收集、储备、传播思政课教育资源，并注重运用多媒体技术对这些资源进行加工处理。比如可以将具有极高影响力的榜样人物的详细介绍放到网站上，增加视频内容（如相关的纪录片、影视剧素材等），也可以放上学生感兴趣的时下明星人物的成长经历与精彩瞬间等相关资源链接，或者将更贴近学生现实生活的在学校里表现突出、取得优异成绩的优秀教师、同学的事迹放到网站上。此外，还可以将思想政治教育研究成果发布到校园网站上共享，提高思想政治教育工作者的理论和业务水平，给他们提供交流学习的平台。

（二）在线思想政治课的交互性拓展

在线教育必然突破传统教育局限于一个教室、一个教师、一段时间、一个学校的教育时空局限，把大型互动公开课、在线精品互动课程、多媒体课程自修、课后即时通信、定期线上考核等全面的学习、管理模块等集合起来，并且通过网络将学生、教师与学生家长紧密结合在教学中，从而打造一个完善的一体化学习和管理平台。此外，也可以把线下教育活动拓展或者移植到网上，充分利用网络传播的优势开展教育活动，如社会实践、大型竞赛、先进人物评选等，也可以基于网络平台将活动的视频和照片发布到网上，吸引受众关注和参与，突出思想政治教育活动的渗透性、趣味性、互动性和生活化等特征。反过来，在校园网的其他栏目上，也可以有意识地增加思想政治教育资源的友情链接等。

（三）思想政治教育服务与管理的技术推进

有人说这个时代最不应该被辜负的就是科技的进步。教育同样不能辜负了科技的进步，所以，我们应该充分利用网络技术实现教育服务与教育管理。资源网站的制作和维护可以由教师和学生共同完成，信息发布的形式和内容可以多种多样，但在管理过程中，必须采取严谨的审核方式，除了保证信息更新的即时性，更要严格考察参考资料的出处和准确性。利用网络载体特有的功能优势，可以建设在线调研、在线竞赛、在线考试等网络应用系统，使得原有的思想政治教育工作任务化繁为简。为保证大学生网络活动的健康和安全，还应通过用户实名、IP 绑定等机制，保证网络平台的信息安全，不受非法网站信息和内容的侵蚀。同时，还可以增强网站的服务功能，对于有关学生学习、生活的各类信息可通过网站进行发布，运用网络聊天工具等，在学校、教师与学生之间建立起畅通的联系渠道和健康的反馈机制。信息技术要和教育教学的日常行为、日常工作紧密地结合，才能够真正地发挥其在改进教育教学思想、创新教育教学方法和提高教育教学质量方面的作用。

（四）学习空间的拓展

在线学习空间是信息技术环境下，在原有教与学的基础上所营造的师生互动、生生互动、人机互动的协作学习环境。这里的学习往往不是单独完成某一项活动任务，而是借助各种媒体资源，通过相互协同、合作；一起体验并获得积累的一种学习方式，包括小组学习、协作学习等。在新课程改革背景下，只有适当地拓展课堂教学的互动空间，才能更好地实现"知识和能力""过程和方法""情感、态度和价值观"三维教学目标。在教育过程中必须合理、综合地组织各种教育媒体，充分发挥各种教育手段的交互作用，并渗透在学生的学习和生活中，最大限度地开发和利用在线教育资源，只有这样才能更好地完成预定的目标与任务。

然而，开发网络教学的可利用资源是一个系统工程，不是某一个教师或团体可以独立完成的，需要各方面的协调整合。如何快速搜集有用的资源？如何有效地利用资源进行教与学？如何把资源融合在学习课程内？这些都是我们需要在实践中进一步探讨和解决的问题。

第三节　思想政治理论课"翻转课堂"教学实践

传统的教学模式是教师在课堂上讲课，布置家庭作业，让学生回家练习。与传统的课堂教学模式不同，在翻转课堂的教学模式下，学生在家完成知识的学习，而课堂变成了教师与学生之间和学生与学生之间互动的场所，从而达到更好的教育效果。

一、翻转课堂的起源

翻转课堂是指重新调整课堂内外的时间，将学习的决定权从教师转移给学生。在这种教学模式下，学生能够更专注于主动地基于项目的学习，共同研究解决课程中的核心问题和重点内容，从而获得更深层次的理解。教师不再占用课堂的时间来讲授基本概念和信息，需要学生在课后完成自主学习。学生可以看视频讲座、听播客、阅读电子书，还能在网络上与其他同学讨论，能在任何时候去查阅需要的材料。教师也有更多的时间与学生交流。

翻转课堂的出现要早于慕课的出现，2007 年，美国科罗拉多州的林地公园高中的两位教师乔纳森·伯格曼（Jonathan Bergman）和亚伦·萨姆斯（Aaron Sams）录制应用 PPT 进行的课堂教学视频，然后将它们上传到网络，供学生下载，以此帮助缺课的学生补课。他们发现学生对课程视频的理解和内化需要教师的指导和帮助，于是将课堂翻转过来，利用课堂时间为完成作业或为做实验过程中有困难的学生提供帮助。不久这些在线教学视频被更多的学生接受并广泛传播开来。这一教学模式在当时美国教育界引起巨大的反响。此后不久，"可汗课堂"的创立，加速了翻转课堂的发展，并使其迅速向慕课转化，成为在线开放教学的一种模式。可汗学院，是由孟加拉裔美国人萨尔曼·可汗（Salman Khan）创立的一家教育性非营利组织，旨在利用网络影片进行免费授课，现有关于数学、历史、金融、物理、化学、生物、天文学等科目的内容，教学影片超过 2000 段，其使命是加快各年龄学生的学习速度。可汗学院利用了网络传送的便捷与录影成本低的特性，每段课程影片长度约 10 分钟，从最基础的内容开始，以由易到难的进阶方式互相衔接。与其他在线课程不同的是，教学者本人不出现在影片中，用的是一种电子黑板系统。其网站开发了一种练习系统，记录了学生对每一个问题的完整练习记录，教学者参考该记录，可以很容易得知学生哪些知识不懂。其教学的方式，就是在一块触控面板上面，点选不一样颜色的彩笔，一边画，一边录音，电脑软件会帮他将所画的东西全部录下来，最后再将录下的影片上传到网上，供学生学习。

二、开展翻转课堂教学活动的优势

翻转先驱乔纳森·伯格曼和亚伦·萨姆斯经过了多年的实践和调研，总结了翻转课堂在实施中体现出来的优势。

首先，翻转可以帮助繁忙的学生。由于学生生活丰富多样，一些学生没办法听到教师讲的每一节课，但是又不可能完全放弃这些课外活动。因此，这些学生非常需要能快速传递的课程内容，以弥补在缺课的时候错过的学习内容。显然，翻转课堂能提供很好的机会。其巨大的灵活性让他们自主安排忙碌的时间——可以提前学习或事后补课，做到课程和活动两不误。

其次，翻转能帮助学习有困难的学生。在传统课堂教学方式中，往往最受教师关注的是成绩好的学生。他们在课堂上积极举手响应或提出很棒的问题，而与此同时，部分学习能力差的学生则是被动地在听，甚至跟不上教师讲解的进度。翻转课堂的引入改变了这一切，学生在学习过程中能够暂停、倒带、重放讲座视频，直到听懂为止。而课堂上，教师的时间被释放，可辅导每一位有需求的学生，而往往大部分时间围绕着学习有困难的学生。

再次，翻转增加课堂互动。许多实施翻转课堂的教师强调，最大的好处是改变了教师与学生相处的方式。翻转后，教师可与学生进行一对一的交流，也可以把有疑惑的学生聚集在一起给予特别的辅导。与此同时，学生之间的互动也比以前多了。在教师忙于与某部分同学对话时，学生发展自己的合作小组。学生间互相帮助学习，而不是依靠教师作为唯一的知识传播者。无形中翻转课堂帮助学生形成了一种学习文化，那就是学生不再把学习当作完成任务，而是一项自我探索且有意义的活动。

最后，翻转能实现学生个性化学习。每个学生的学习能力和兴趣都不同。传统教学统一的课堂无法真正分层教学，而翻转课堂承认了学生的不同，并能真正实现分层教学，每个学生可以按自己的速度来学习。学习速度快的学生可以掌握更难的课程内容，速度慢的学生则可以反复学习，并寻求教师的帮助。

三、思政课翻转课堂的教学目标

（一）通过"先学后教"的模式增强每个学生学习的主体性

通过学生提前在线学习，掌握思想政治理论课的基础知识点和内容，使学生在课堂教学前掌握最基本的教学内容和核心概念，为学生在课堂上开展讨论和网上互动打下基础。

（二）实现教学内容的存档

相较于传统课堂教学，翻转课堂实现了视频内容的随时播放和反复播放，一定程度上解决了学生因课堂教学内容无法完全理解导致的影响内容学习和教学进度的问题。翻转课堂作为一种教学手段，增加了学生和教师之间互动的时间。

（三）翻转课堂的考核

围绕课程环节，加强考核。翻转课堂教学模式由于颠倒了传统教学过程中的教学顺序，加强了课堂上和网络上的师生互动交流，因此，在考核方面，就更应注重对教学各环节特别是互动环节的考核。这就与传统课堂教学中主要依靠期末试卷考核有着明显的不同。

第四节　思想政治理论课在线跨校选课与创新学习活动

跨校在线选修资源共享课，是目前我国在线课程教学的主要运行模式，通过实现优质思想政治理论课资源的共建共享，扩大优质资源的辐射范围，并在跨校学习中实现教学方式的改进，这样可以使得学生更便利地享受到校外资源。通过鼓励区域内高校联合开设优质课程并推进师资、课程的共享与学分互认，探索建设高校课程互选、学分互认联盟。学生可以根据校际协议跨校修读课程，在他校修读的课程学分（成绩）由本校审核后予以承认。

一、跨校选课的在线共享模式

在慕课没有出现之前，各地也曾经有过跨校选课的设想，但由于选课程序、教学资源（教学场所、师资力量）、学籍管理等各方面的原因，实践中往往面临很大困难而难于实现。慕课的出现使得思想政治理论课教学资源共享成为现实，对于提高优质资源的利用率有着非常重要的意义。

跨校选课课程的共享方式有两种。第一种共享方式为高校确定选用课程题目后，由课程主讲教师与选用课程学校的任课教师组建教学团队，共同备课并确定考核方式。采用课下充分利用网上课程资源学习基本理论知识、课堂研究讨论的教学方式，由选用课程学校的任课教师承担日常导学、课程辅导、学生答疑等工作，课程主讲教师所在学校出具考核成绩，选用课程学校认定学分。第二种共享方式为选用课程高校直接使用精品开放课程资源，实现在线修读、在线考核，主讲教师所在学校出具考核成绩，选用课程学校认定学分。

二、选课准备环节

由于是跨校选读学分，利用网络资源课程进行教学，课程建设方和选用方的沟通十分必要。因此，在确定跨校选课后，双方加强联系，共同制定具体的教学大纲、过程监控和考核标准等，这是开展课程教学的前提。由于资源共享课的授课模式、考核标准、讨论环节等都与课堂教学有着很大的差别，在准备环节中，要充分考虑差异性。例如，资源共享课教学视频一般时长在 10～15 分钟，以"知识点"形式进行教学，课堂教学往往以 45 分钟为一节，以章节为教学。在思政课跨校选课过程中，往往两者需要相互结合，实现混合式教学。课堂教学如何与视频教学结合，是课前备课环节需要准备的重点问题。这里一般要重点解决以下几个问题。

第一，使用方的课堂教学内容如何与建课方的视频内容相衔接。虽然，思政课使用教育部统一编写的教材，但具体到每个学校的实际教学，却因为不同教师、不同专业、不同学生而呈现出差异性。因此，在两个甚至多所学校实现跨校选课对接的时候，将不同的讲课内容和风格协调好，使得两项内容能够相互补充、相得益彰。就目前的资源共享课跨校选课情况而言，网络资源课程主要提供基本知识点教学，思政课的基本知识点包括基本概念的解释、对主要原理的阐释、对方针政策的论述等，这些知识点构成了思政课的教学骨干。但是仅有这些骨干知识点是不够的，要使得思政课内容丰富、形式多样，呈现的课程具有感召力和影响力，课堂教学的实施是必不可少的。通过课堂教学与知识点视频相互结合，将课堂教学作为知识点教学的重要拓展，是跨校选课前需要确定的重要内容。

第二，商定课程资源使用。跨校选课的核心在于双方对网上教学资源的共同利用，包括教学视频、案例、练习题、测试题、电子教案等在教学过程和网络视频中的应用问题。一般而言，这些资源由建课方提供，资源也体现了建课方在课程规划建设、教学环节设计、知识内容体现等方面的想法与安排。因此，虽然思政课具有全国统一的教材和课程体系，但在具体教学中，对于内容的讲解方式和案例、习题等运用方面，还是有所差别的。建课方与使用方在开课前，针对网上资源进行研讨，充分考虑双方的教学特点和学生差异就显得尤为必要。特别是建课方与使用方的学生在专业、知识结构和原有学习水平存在较大差异的情况下，协商就更为重要。商定中要注意的问题包括资源的选择性使用、资源的使用顺序和流程、网上讨论环节的设定、监控与评价、作业的布置与检查、期末成绩的考核与评定等。

第三，教学程序和文档的衔接问题。不同高校的教学管理体制和运行机制会存在一定的差异，这是思政课跨校选课中会经常遇到的问题。例如，虽然教育部规定了各门思政课的具体学分规定，全国有一个统一的标准。但往往不同学校会根据具体情况，在教学运行过程中有所差异。比如同一门课的开设学期、同一门课理论教学和实践教学的比例安排、同一门的考试与考核方式与比例的设定、不同思政课的开设顺序等。在跨校选课开始前，这些问题都要求建课方与使用方事先协调与商定，防止因教学管理程序中的不同，给跨校选课实施带来影响。另外，在教学实施过程中，会涉及相关教学文档的建立问题，如共同商定教学内容、课程小结和考试总结的撰写等。

三、跨校教学实施环节

思政课跨校修读学分，要将校际"联席教学"与校内"混合式教学"结合起来。跨校教学要避免教学中建课方简单提供教学资源，使用方简单使用网上资源，两者之间"单打独干"的情况。因此，双方的"联席教学"就显得十分必要。

所谓"联席教学"就是在跨校教学过程中，建课方和使用方以"跨校交流上课""共同在线答疑""共同考核学生并评定成绩"等方式，实现真正的"跨校教学"。"联席教学"有利于双方在相互交流的基础上，加强教学研究和推进教学改革，也有利于了解不同类型学生的特点，拓宽教学视野。"联席教学"跨校交流上课，体现在双方教师到对方学校进行教研交流，通过示范课活动，将视频课程与现场教学结合起来；通过现场交流，实现双方师生的互动。跨校交流不仅可以弥补在线视频的不足和解决内容中存在的相互滞后问题（因为思政课往往需要将最新的理论动态和现实热点问题补充到教学内容中，而视频往往很难做到随时更新），同时，还可以拓展视频中未能涉及或者未能深入阐述的问题，将思政课基本理论与拓展内容结合起来。

"共同在线答疑"是跨校教学实施环节的重要内容。在在线网络资源教学中，在线答疑是连接"教"与"学"的重要环节，通过解答学生的问题，提高思想政治理论课教学的实效性。思想政治理论课从根本目的上来说是要通过理论结合现实的讲授，解决学生在世界观、人生观、价值观上存在的问题与困惑，帮助学生树立对中国特色社会主义理论、道路、制度的信心，并内化为正确的思想认识和外化为正确的实际的行动。如果对于学生在学习过程中存在的疑难问题不能提供合理、及时、有效的解答，往往就会使思想政治理论课的教学效果大打折扣。引入思政课在线资源教学后，教师课堂面授的时间减少，与学生的接触也相应减少，如何保障与学生密切和有效的联系，通过在线回答问题，与学生增强互动是必不可少的。在跨校教学中，建课方与选课方教师同时在网上对学生进行答疑活动、开展互动，有利于建课方了解使用方学生的基本情况和思想动态；有利于了解使用者对课程的感受和评价；有利于选课方教师通过在线答疑，了解学生对视频课程和课堂教授的掌握情况、教学中存在的问题以及学生存在的困惑等。

　　共同考核学生并评定成绩也是跨校教学实施环节的重要内容。网络在线课程与课堂教学结合的特点，决定了其课程教学成绩的评定是"复合型"的，而跨校教学的过程，使得这种"复合型"特征更为明显。首先，教学资源的提供者是建课方，而组织教学开展的主体是使用方教师，成绩评定要把"教学内容"与"学习过程"结合起来。因此，建课方和使用方的教师共同来评定学生的成绩，是科学、合理、准确地考核学生成绩的关键。其次，网络资源共享课与课堂教学相结合的混合式教学不同于一般的单一课堂教学，也不同于单纯的网络教学；同时，跨校教学模式与正常学校内教学也有着较大差别。因此，混合式教学模式下的跨校教学考核，就需要兼顾多方面的因素。

四、教学总结环节

　　在线跨校选课作为一个系统工程，也是正处于实验阶段的教学改革，在每一轮课程选修完毕后，适时对其进行总结，不断积累经验和分析不足，为下一轮跨校选课提供改进意见。教学总结应包括以下三个方面。

　　第一，撰写相关总结报告和完善教学文档。对一个学期教学过程进行分析，对课程资源、学生学习状况、在线教学与课堂教学结合情况等问题进行具体分析和宏观性评价并总结报告的主要内容。教学文档包括课程小结、考试总结等，对教学的各具体环节进行记录和客观分析。

　　第二，召开师生交流座谈会。充分听取选课学生对课程各环节开展的反馈意见，特别是根据不同专业学生的特点，汇总反馈结果，进行有针对性的分析。还可以通过问卷调查和访谈的方式，对调查结果进行定量分析，找出较为突出的共性问题。

　　第三，根据反馈结果对在线资源进行更新和修订，不断完善和改进在线教学资源，使其能够更好地开展教学活动。

第九章 高校活动型思想政治理论课实施路径

第一节 大学生青年志愿者活动与社会实践

一、大学生青年志愿者活动

（一）大学生青年志愿者活动概述

中国的青年志愿者活动源于 20 世纪 60 年代的"学雷锋"活动，在当时并没有明确提出"志愿者"这一称谓，但在各个时期开展的，如"希望工程""温暖工程""爱心行动"等活动，在形式和内容上已经与青年志愿者活动有许多共性。随着青年志愿者活动在高校内不断开展，就出现了大学生青年志愿者。大学生青年志愿者是青年志愿者队伍中最活跃、最积极、最集中、最有影响力的一个群体，这个群体在政府和校方的支持下迅速发展壮大。

大学生青年志愿者活动就是由具有一定思想觉悟、热心社会服务和公益事业的大学生，在学习空余时间，结合专业知识，向社会无偿提供服务的活动，倡导"无私奉献、友爱互助、共同进步"的精神。1993 年 12 月，为顺应历史和社会趋势，共青团中央在立足中国国情的基础上，借鉴国际上好的经验和做法，实施了青年志愿者行动。1995 年，共青团中央发出"大学生青年志愿者社区援助活动"的号召，高校青年志愿者响应号召，走出校园，走进社区，服务社会，由此大学生青年志愿者活动向校外迅速扩展。中国青年志愿者行动的主要内容有扶贫接力计划、社区发展计划、海外服务计划、保护母亲河行动、西部计划等。青年志愿者行动的实施，不但满足了社会的需求，帮助了贫困人群和贫困地区，也促进了包括人力资源在内的各类社会资源的合理化配置，促进了社会经济的协调发展，开辟了青年在实践中成长成才的新途径。广大青年也在志愿服务中认识了社会、提升了能力、发展了自我。

（二）大学生青年志愿者活动的时代意义

第一，大学生青年志愿者活动倡导的精神有利于促进全社会道德资源的增加。大学生青年志愿者活动倡导"奉献、友爱、互助、进步"的志愿者精神，这种精神是中华民族"助人为乐"的传统美德和五四运动的"爱国、进步、民主、科学"精神的有机结合。在当代社会主义市场经济蓬勃发展，注重竞争、效率、利益的时期，我们同样要注重公平、道义和爱心。这需要我们有一种精神的支撑，需要道德准则的规范，需要人与社会的协调。青年志愿者活动正是符合这样一种要求的精神载体，通过传播"服务他人、奉献社会"的道德观念，促进全社会道德资源的增加。

第二，大学生青年志愿者活动是新时代培育大学生的有效途径。大学生青年志愿者活动具有的特点有：其一，它能发挥大学生在活动中的主体作用，尊重大学生的内在需求；其二，它充分发挥了社会教育的作用，注重实践，能实现理论和实践的有机结合。育人的关键在于能否将理论知识内化为意识，行为是否能成为自觉的道德习惯。大学生青年志愿者活动是一种将理论付诸实践，将制约转化为自觉行为的有效方式。这些内在的特点符合育人的内在要求，将理论性和实践性有机结合在一起，成为新时代培育大学生的有效途径。

第三，大学生青年志愿者活动能启发大学生进行自我教育。当代大学生具有较强的主体意识，更崇尚自我激励和自我完善。当代大学生普遍存在生活经验不足，社会阅历不足，接触社会不足的情况，他们学到的理论并没有在实践中得到检验和引导，所以，仅仅依靠学校的课堂教学是远远不够的。大学生青年志愿者活动充分发挥了社会教育的作用，有利于帮助大学生克服自身缺点，让大学生在实践中提高文化修养，完善知识结构。同时，大学生青年志愿者活动能培养大学生拥有健康的身心，为步入社会奠定基础。

（三）目前大学生青年志愿者活动存在的问题

大学生青年志愿者活动从实施到现在，已经在各方面取得了较大进步，为中国社会的进步做出了较大贡献。但是，在新的时代环境下，高校大学生青年志愿者工作仍然面临许多问题，其中比较紧迫的有以下四个方面。

第一，大学生青年志愿者活动过于注重时效性，忽视了长效性。在开展大学生青年志愿者活动的过程中，部分高校只是为了活动而活动，只重视活动的具体开展，忽视了活动对大学生成长成才的影响。这是高校大学生青年志愿者工作中最突出的问题。

第二，大学生青年志愿者组织缺乏充足的资金支持。目前，部分高校的大学生青年志愿者组织挂靠在学校团委，开展活动只能依靠学校的资金支持。由于学校的资金支持有限，导致一些活动难以开展。这个问题在维持志愿者组织的正常运作上也表现得十分突出，要解决这个问题需要建立更加完善、规范的社会资金运作机制。

第三，大学生青年志愿者培训工作亟须加强。高校开展大学生青年志愿者工作，主要依托的是学生的专业学习背景，在遇到一些特殊的志愿服务活动时，需要动员相当多的志愿者参与，这需要进行相关的岗前培训工作。目前的高校青年志愿者活动缺乏健全的培训机制，不能使大学生青年志愿者工作再上一个新的台阶，不能取得长足的进步。

第四，大学生青年志愿者工作在高校所获得的重视程度不高。当前，部分高校对大学生青年志愿者工作的管理仍停留在学生课外活动的层面，没有将其放到学校整体办学方向和培养目标的大背景下来操作，没有意识到大学生青年志愿者工作和学校专业设置、课程开设的紧密关系，限制了大学生青年志愿者工作功能的发挥。

（四）高校团组织需把握好大学生青年志愿者工作的指导原则

1. 大学生青年志愿者工作首先要遵循教育的原则

在开展大学生青年志愿者工作的时候，我们首先必须坚持正确的政治方向。大学生青年志愿者工作是高校对大学生开展思想政治教育工作的重要途径，在思想政治教育工作中通过开展志愿者活动对大学生进行潜移默化的教育，使教育渗透到活动中，让学生主动接受、主动认识，并内化为意识，形成习惯。

2. 大学生青年志愿者工作必须遵循主体自主的原则

大学生青年志愿者活动的主体是大学生，在开展活动的时候，高校团组织要注意把握主体自主原则，由大学生独立自主地安排组织工作。要大胆放手，发挥学生的创造力和开拓精神，使大学生青年志愿者活动真正成为大学生自主管理的有效实践。高校团组织要从宏观上把握大学生青年志愿者活动，并在活动中给予恰当和正确的引导，努力提高大学生青年志愿者活动的层次。高校团组织要将大学生青年志愿者活动全面纳入团组织的整体工作中来，必须深刻认识到大学生青年志愿者活动对高校思想政治教育工作和青年成长成才的重要性。

（五）建立高校大学生青年志愿者活动的长效管理机制

志愿者行动不是一种个体化的行动方式，而是组织化的行动模式；志愿者行动不是传统意义上的个人美德的单纯表现，而是个人美德在公共生活中的升华和展示。因此，志愿者行动只有在个人美德与组织推动之间找到平衡点，才能够获得充分的道德资源支持。大学生青年志愿者工作机制就是一整套关于大学生青年志愿者招募、培训、管理、奖励等方面的工作制度。通过这些工作制度的实施，能使广大学生在参加大学生青年志愿者的服务中，正确、有效、规范地服务社会，同时又能在服务的过程中得到认同与肯定，以实现自我教育和社会教育的有机结合。

第一，建立志愿者招募机制，多渠道招收志愿者。建立一支具有强烈责任感、有一定服务水平的大学生志愿者队伍，对于志愿者活动的开展是十分重要的。这是我们做好大学生志愿者工作的基础。完善的招募机制包括前期宣传、按招募要求面试录用、注册登记等。在招募的同时，应当尽量拓宽志愿者的招募渠道，让更多具备一定专业知识、责任心强的学生参与到志愿服务的队伍中来。

第二，规范培训机制，提供专业服务。大学生志愿服务活动引入培训机制是一种必然的要求，能促进大学生志愿者工作向高效、优质的方向发展。确定招募的志愿者后，必须根据相应的志愿服务工作对志愿者开展岗前培训。大学生志愿者在培训的实践交流中，能进一步树立正确的服务理念，增强服务技巧和与人交流的能力，从而提高整个大学生志愿者服务队伍的综合能力。

第三，制定恰当的评价奖励机制，激发志愿者的热情。评价奖励机制是对志愿者付出的一种肯定和回报，恰当的评价奖励机制可以促进高校志愿者工作的长效发展。高校志愿者工作的评价奖励机制的构建应该从评价内容和评价制度两个方面入手。评价内容主要从志愿服务开展过程中活动的社会效果和志愿者的收获方面考虑；评价制度就是建立规范、可行的综合评估体系，对参加志愿服务的小分队、个人定期开展考评活动，以评比促发展、以评比促进步，从而进一步完善服务标准、提高服务意识。

第四，完善服务保障机制，推动志愿者活动健康有序地发展。高校志愿者工作需要有一定的发展空间，需要得到各种有益力量的支持和帮助。大学生青年志愿者活动的保障机制主要有资金保障、党团组织的指导等。资金保障是大学生青年志愿者活动的基本保障，除了志愿者活动自身组织经费外，更要积极争取社会各界的力量，包括社会募捐和义卖等形式；党团组织的指导是大学生青年志愿者活动的方向保障，高校党团组织应把握大学生参与志愿者活动的方向和原则，及时提供指导和帮助，提高大学生参与志愿服务的能力，培养全面发展的人才。

二、大学生社会实践活动

（一）大学生社会实践活动的定义

社会实践是指人类能动地改造自然和社会的全部活动。大学生社会实践活动从广义来讲是以大学生为主体的一种认识世界和改造世界的实践活动。

有学者认为大学生社会实践活动的理论依据主要是马克思关于社会实践的理论，包括马克思的实践论、教育与生产劳动相结合的理论，中国古代的力行教育理论以及西方的实践教育理论。在《20世纪的中国高等教育·德育卷》一书中，编者把改革开放以来的大学生社会实践活动分为三个阶段：蓬勃兴起阶段（1980～1982年）、组织规范阶段（1983～1992年）、深化完善阶段（1993年之后）。该书认为，深化完善阶段社会实践活动的成功在于合理安排和精心组织，社会实践活动必须建立和完善教育机制。

（二）开展大学生社会实践活动应遵循的主要原则

为了更好地贯彻"受教育，长才干，做贡献"的指导方针，高校在开展社会实践时，应遵循以下几项主要原则。

1. 同思想教育相结合

高校的任务是培养中国特色社会主义"四有"新人，以理想信念为核心，对大学生进行世界观、人生观、价值观教育；以爱国主义教育为重点，对大学生进行民族精神的教育，是思想政治教育工作的重要任务。有计划、有组织的社会实践活动，是思想政治教育的继续和延伸，是生动而真实的思想教育活动。每一次实践都会使大学生的思想认识得到升华和提高，为确立正确的世界观、人生观、价值观奠定了良好的基础，从而全面提高大学生的思想道德素质。大学生社会实践活动应当根据不同时期、不同年级、不同专业学生的思想特点和思想政治教育的要求，有针对性地确定社会实践的思想教育主题、内容和形式，使学生能够通过参加社会实践受到教育。

2. 同专业学习相结合

大学生结合本专业进行社会实践活动，从学校小课堂走向社会大课堂，从读有字的书到读无字的书，不仅有助于巩固所学专业知识，不断提高实际业务水平和专业技能，还能够开阔视野，在社会这个丰富、生动的课堂上学到许多书本上学不到的东西，不断调整自己的知识结构，增强向新的知识领域迈进的决心和勇气。因此，在社会实践过程中，需要做到以下三点：一是要根据不同专业、不同年级学生的专业特点和专业水平，精心安排社会实践的内容。二是要发挥专业课教师在社会实践中的指导作用，如带领学生推广学校的科研成果，指导学生为企事业单位承担生产技术课题等。三是尽可能地把社会实践同专业实习结合起来。如在专业实习中，根据需要和可能，适当安排社会实践的内容。

3.“双向受益”

所谓“双向受益”，是指社会实践不仅要使学校和学生受益，也要尽可能使活动接收单位受益。因此，在安排社会实践时，除了着重考虑实践内容对学生的思想教育、专业教育、能力提高等有益处，还应考虑地方和活动接收单位“两个文明”建设的需要，把社会实践同地方和活动接收单位“两个文明”建设的需要结合起来。让学生在服务中实现参与，在贡献中受到教育，真正实现学校为地方经济建设提供服务，地方为学校的人才培养提供基地，双方协调发展，共同进步。

4.“就近就便”

由于经费、交通、活动接收单位接待能力等方面的限制，社会实践应就近就便安排，这样既省时、省力，又便于开展活动。其主要内容包括：①多数学生应回到家乡就近开展社会实践。②集中组织的社会实践队伍应当精干，选择的活动地点、活动内容应与活动目的相一致。③学生在社会实践中，吃、住、行等应从简安排，不应增加接待单位的负担，削弱社会实践的效果。应当防止和杜绝以社会实践为名行观光旅游之实的风气。

（三）对开展暑期社会实践活动的建议

1.要加强暑期社会实践的组织安排工作

社会实践活动的开展要想取得好的效果，必须在实践开始之初和整个过程中进行周密的组织和规划。因此，必须做到四个落实。

第一，组织落实。组织是效率的保证。高校要加强领导，成立社会实践领导小组，认真组织大学生社会实践活动，保证大学生社会实践取得预期目的。较为重要的一点，就是要建立一支具有丰富实践经验、思想素质高、能吃苦耐劳的社会实践指导队伍。

第二，资金落实。经费不足往往制约着社会实践的深入开展，目前来看单纯依靠某一方解决是不现实的，只有从多方面拓宽渠道，寻求支持，注重实效，服务社会，才能使这一问题得到根本解决。目前的经费来源主要有以下三种：一是靠教育经费拨款，这一部分比较稳定，目前也是主渠道，但往往数量不足；二是争取社会资助，现在一些企业单位已在学校设立了奖学金、助学金等，如再与社会实践活动结合起来，可把单纯的学习激励变成社会激励；三是社会实践收入，这部分比重很小，但颇具挖掘潜力，要求学生学以致用，可集中地、有选择地、有指导地做一些试点工作，与大学生勤工助学结合起来，逐步打开局面。资金的使用重在管理，要管好用好，形成制度，有重点地投入。在大学生社会实践活动经费方面，学校应拨出"大学生社会实践活动专项经费"用于社会实践活动，并积极联系社会，多渠道筹措大学生社会实践的活动经费，以确保大学生社会实践活动保质保量进行。

第三，时间落实。大学生社会实践要有稳定性和延续性，寒暑假是个好时机，但平时的一些教学也应与实践相结合，引导学生不断从理论和实践中寻找结合点，从书本走向现实、从校园走向社会。而且大多数实践的内容决定了其本身不是短期内能达到目的并体现其效益的。因此，要合理安排时间，做到有始有终，才能提高社会实践的质量。

第四，场所落实。社会实践基地是大学生社会实践的重要场所，是大学生走向社会、接触社会、了解社会、服务社会的桥梁。有计划地建立一批稳定的社会实践基地，是巩固发展社会实践的重要基础。建立相对稳定的社会实践基地，不仅有利于大学生在活动中接受教育、施展才华，还可以缓解高校普遍存在的社会实习难的矛盾。同时，它还可以促进协作单位、协作地区的经济文化发展，增强大学生社会实践的计划性，减少盲目性。本着"立足基层，就近就便"，"双向受益，合理布局，分类建设"等原则，在当地各级政府部门的支持下，选择领导重视、态度积极，对大学生社会实践活动的意义有充分认识的单位和地区，统筹工作，建立起一些设施齐全、态度热情的多功能基地，达到"双向受益"的目的。要做到长期与短期相结合，分散与集中相结合，重点和一般相结合，尽可能做到在任何地方实践，都应有所收获。

在大学生社会实践活动中，组织落实是保证，资金落实是前提，时间落实是条件，场所落实是基础。只有把它们有机地联系起来，营造一个良好的内外环境，才能把社会实践活动纳入社会系统的良性循环之中，建立起齐抓共管的社会保障体系，增强社会实践活动的活力与动力。

2. 社会实践活动的内容与形式需要创新和突破

形式单一、陈旧，内容单调、苍白，过程匆忙、走过场，效果不明显、无进展的社会实践，不能给学生足够的个性发展空间。部分高校组织的社会实践主要安排的是参观，而没有让学生真正地去体验生活。目前，大学生的社会实践中进行社会调查的占多数，家教、勤工助学等形式次之，与所学专业知识相联系的科技服务等实践活动较少。有的暑期实践活动仅仅局限于为社区平整草地、擦洗护栏、清理垃圾等简单劳动。尽管这些活动也能体现大学生的高尚情操及对生活、对家园的热爱，但如果形成这种框架，社会实践就会陷入不求实际价值的怪圈。

3. 学生参与面不能太狭窄

社会实践的参与面不够广，主要表现在参加社会实践的人数不够多。

目前的大学生社会实践活动，各高校主要采取"点面结合，以点带面"的方式。"点"是指由院系或者学校组织落实经费、人员、地点、内容的若干社会实践小分队的实践活动，也就是"精英实践"。这种实践模式是以高校的学生干部、学生党员、特长学生等为主体而开展的社会实践，是当前高校有组织实践活动中的一种主要组织模式。由于学校和地方各有关部门的重视，这一活动形式取得了较好的成效并总结出有益的经验，但参加的人数有限。"面"是指涉及全校学生的社会实践活动，学校一般仅进行宏观的管理和调控，即由学校党委及有关部门在放假前发文确定社会实践的主题及意义。同时，要求全校学生按照就近就便的原则参加社会实践，即"大众实践"。

在大力倡导素质教育，青年大学生对自身全面成长成才要求日益提高的今天，"精英实践"组织模式正越来越多地暴露出它的局限性。其最为突出的问题是，只把实践机会集中在一部分骨干学生的身上，使本应是群众性的社会实践活动成为少数学生骨干参加的活动，忽视了广大普通学生的实践要求，忽视了普通学生的成才需要。重点轻面、重个别小分队的实践，忽视了广大普通学生的实践愿望；重短期效应、轻长期效应，表现在未来发展层面上就是"精英实践"的育人作用不能满足社会对青年大学生人才质量的普遍要求。教育应面向全体学生，"只有面向全体学生而不是少数学生，使他们的基本素质都得到普遍提高，使他们的特长和潜能都得到发展，使他们都能有适合自身的发展方式，才是符合 21 世纪要求的高质量和高水平的教育，才能达到提高整个中华民族素质的目的"。美国教育家布卢姆（Bloom）在《教育评价》一书中也认为，只有全体都发展了，方能挑选出少数高质量的英才，并发挥包括少数在内的整体效应。

4. 制度与机制要完善

正如任何一项教育行为的落实要以制度机制做保障一样，高校学生社会实践的开展，也应以完善的制度机制为前提，否则就会阻碍社会实践的发展。目前，有一些参加社会实践的大学生认为，"调查报告交上去也没人会看，只要拿到学分就可以了"。在学生当中之所以有这样的想法，很大程度上是因为学校缺乏相应的监督、制约机制和激励、奖励机制。因此，就出现了大学生在社会实践中抄袭调研报告的现象。另外，高校的社会实践都是由团委负责具体落实实施的，但像社会实践这样一种复杂的教育工作，仅靠团委的力量是难以完成的，必须有学校职能部门如学生处、教务处等的共同参与指导，并制定出一整套科学的管理制度，使社会实践有章可循、有据可依。

5. 要确立一批稳定的社会实践基地

社会实践要真正使双方受益，则必须建立相对稳定的社会实践基地，那种一年换一个地方的形式是不可能真正解决问题的。不注重确立稳定的社会实践基地会造成严重后果。一方面，由于不注重"互惠互利、双向受益"，有些高校只考虑社会是否满足了教育的需要，学生是否得到了实际锻炼，计划是否得以顺利完成；而不考虑是否满足了社会的需要，是否给当地的"两个文明"建设做出了贡献，是否给群众带来了便利和实惠，一味地增加地方的负担，最终会失去大学生社会实践活动的外部支持。另一方面，由于部分高校没有稳定的社会实践基地，大学生需要花大量精力四处奔波寻找社会实践场所，有的大学生存在应付学校的检查的问题。

6. 要注意参加实践活动成员的安全

参与社会实践活动，是大学生走出校园走向社会的一次机会。外出活动会遇到很多问题，如住宿、吃饭、交通等。不管是走进社区开展活动，还是深入农村实践，都应该注意人身安全。为此，负责组织的教师和学生干部要把学生的安全始终放在重要位置，应该时刻绷紧这根弦，不能出任何的差错。

第二节　高校活动型思想政治理论课评估

思想政治理论课活动教学是在教师的精心设计和积极引导下，具有相当的组织性和目的性的活动过程。评估是这个过程不可缺少的重要环节。通过评估，可以检验活动设计、活动内容、活动过程、活动组织形式、活动辅助手段及教师、学生等活动要素等运作的情况，为进一步开展活动课教学提供借鉴和参考，使活动教学达到预期的活动目的。可见，思想政治理论课活动教学的评估，就是指依据一定的活动目标，以活动教育思想的基本原则为指导，对活动课的诸要素进行科学、系统、全面的分析，评定活动的效果对活动目标的实现程度，为以后的活动教学做出有益的指导，使其达到更为优化的程度。

教学评价的目的是在教学过程中通过不断揭示教学现象与教学目的的关系，不断指导被评价者达到一个又一个教学目标，最后逼近终极目标。对思想政治理论课活动教学的评估也是为了实现这种"不断……达到……目标"，直至"终极目标"的目的。基于这一目的，思想政治理论课活动教学的评估的作用表现为以下三个方面。

一、肯定活动过程的经验

（一）肯定活动过程经验的意义

活动过程中的经验是教师与学生在活动中逐渐形成的，对活动教学进行评估，可以及时总结、肯定活动过程的经验，对符合活动本质与要求的活动内容、方法和调控手段加以识别和确认，对教师和学生的良好表现给予激励和鼓舞，使活动过程在一种积极的心理状态下得到进一步开展，并为此后活动课提供成功的范例和经验。

（二）怎样肯定活动过程的经验

对教师而言。作为活动的主导者，教师通过设计、组织、调控活动过程，通过活动效果的反馈和活动气氛的折射，肯定那些符合教育教学规律、符合学生的实际水平和身心发展特点、符合活动课的基本要求的活动过程的经验，为后续活动或新的活动过程以及其他教师提供借鉴。

对学生而言。学生是活动过程的主体，他们在活动中的态度、兴趣、情绪、情感、意志品质、思维习惯、能力特点、创新意识和行为方式等方面的积极表现，通过教师评价和自我评价，作为活动经验而得到肯定。学生受到肯定的鼓励，会更加主动地参与活动，同时也强化了在活动中的良好表现，增强了参与的信心。

（三）总结活动过程中的经验

总结教师在活动过程中的经验。

第一，活动设计新颖。

活动设计构思新颖、富有创意，能以学生感兴趣的方式切入问题、引导活动，使学生始终保持兴奋点和注意力，积极主动地参与活动。

第二，活动组织灵活。

活动过程始终围绕活动目的而进行，活动环节紧凑，节奏适当，高潮迭起，并且能因时、因事的不同而不断调整和修正活动内容及形式，善于抓住和利用随机现象充实活动内容，提高活动效果。

第三，活动气氛融洽。

师生关系和谐，学生之间合作顺利，学生的积极性、主动性被充分调动起来。

第四，积极的评价。

对学生的活动给予及时的赞许、鼓励、支持、表扬和夸奖，总结学生在活动过程中的经验。

第五，积极的态度。

学生在活动中的积极态度表现为：主动参加活动，乐于在活动中表现自己，充分发表个人意见和想法，充满自信，愿意与他人分享活动所带来的各种感受，对活动抱有兴趣和好奇心，重视结果而又不畏困难、不怕失败，等等。

第六，合作精神。

与他人合作愉快、合作协调；同学之间相互支持、彼此尊重；真诚地帮助同伴完成任务，不嫉妒他人的活动成果；等等。

第七，正确的方法。

在教师的指导和训练下，在活动中相互借鉴、相互学习和自我摸索，总结出正确的方法，顺利地完成活动任务。

第八，敢于创新。

提出一些独辟蹊径的想法，采用一些与众不同的做法，大胆创新，敢于质疑书本、教师和他人。

二、调整活动过程的不足

（一）调整活动过程不足的目的

活动过程是一个不断发展、变化的动态过程。对活动过程进行评估，可以不断调整活动过程的不足。"正如斯塔弗尔比姆所强调的，评价最重要的目的不是证明，而是通过改进教学，人们可以从各种渠道获得关于教学的各种反馈信息，而分析和研究这些反馈信息则可以发现教学中存在的诸多问题，在客观上使师生双方做到心中有数，并有针对性地采取相应的措施，调节教与学的双边活动，以达到改进教学、提高质量的目的。这是教学评价最基本的作用"（范晓玲著《教学评价论》，湖南教育出版社 1999 年版，第 64 页）。通过评估，师生会发现活动过程中存在的问题、不足，然后采取相应的对策与措施，对活动过程加以适当的控制、调节、补充和修正，从而不断完善活动过程，促使活动过程达到最优化。

（二）注意评估哪些不足的方面

第一，活动主题模糊。

由于教师指导不明确、不及时或者个别学生错误行为的诱导，使活动偏离了目标和方向，活动主题不明确，活动过程比较混乱，学生活动零散，缺乏组织性，没有活动中心。

第二，师生关系颠倒。

因袭传统的学科课堂教学中的传递—接受式教学模式，教师喧宾夺主，成为活动的中心、主角，取代了学生的主体地位。学生完全在教师的指挥和安排下被动地活动，丧失了主体地位，毫无自主、主动可言。师生关系不融洽、不和谐，缺乏交流。学生对教师存在抵触心理，不合作，甚至与教师唱反调，或者表面敷衍，实际上并不真正接受教师的指导。

第三，活动范围狭窄。

首先，活动主体片面。没有面向全体学生，而是仅仅面向部分学生、少数学生，大多数学生被排斥在活动中心之外，成为活动的旁观者。

其次，活动对象单一。全体学生的活动对象都是同一事物，不同的活动目标也总是针对同一活动对象，本应丰富多彩的活动变得乏味而枯燥，逐渐程式化、简单化，思维的空间、想象的空间、创造的空间受到制约和局限。

第四，活动节奏拖沓。

由于教师的组织不力，或者学生在活动中精力分散、合作性差，使活动过程拖沓、不紧凑，造成学生兴奋点降低，易疲劳，对活动丧失兴趣，活动任务不能按时完成。

第五，活动气氛沉闷。

活动中师生不能合理地释放情绪、情感，师生之间较少交流和沟通，学生的主体性被束缚，思路滞塞，缺乏活力。

（三）从哪些方面了解活动过程的不足

第一，从各种反馈信息中了解活动过程的不足。

从各种反馈信息中，教师可以了解到自己的活动设计是否合理、是否符合活动目的、是否符合学生身心发展特点和个性特点、是否充分地调动了全体学生的主动参与，从而及时调整活动的节奏、步骤和进程，改进组织活动的方法、策略和手段，改善师生关系和活动氛围。教师还可以从对学生的评估中了解到学生的活动态度、活动方法、活动成果是否达到要求，帮助和引导学生调整状态、改进活动方式，顺利完成活动任务。

第二，从学生的表现中了解活动过程的不足。

通过评估了解到学生在活动过程中的表现是否积极、主动，活动是否偏离了目标，与他人的合作是否和谐，活动成果是否符合目标，能力、素质是否得到提高，人格、个性是否得到优化，主体性、主动性、创造性是否得到发展，继而对不足之处加以调整、改进，实现活动目标。

三、保证活动过程的方向

（一）什么是活动过程的方向

活动过程总是沿着一定的方向发展，这个方向指向活动的预定目标。活动过程只有不断地向预定目标发展，才能够最终完成活动的任务。偏离了这个方向，活动不可能获得预期的效果。活动教学的基本指导思想是以活动促发展，基本目的是以能力培养为核心，以素质整体发展为取向。也就是说，活动过程的目标方向是培养学生的能力和促进学生整体素质的发展。

在思想政治理论课活动教学中，要培养学生哪些能力和素质呢？

第一，自我教育的能力。

自我教育的能力包括自我意识能力、自我评价能力、自我激励能力和自我控制能力。

第二，解决问题的能力。

解决问题的能力包括理解一定的理论问题的能力和解决实际问题的能力。

第三，社会活动能力。

社会活动能力包括社会调查能力、社会交往能力和语言表达能力。

第四，良好的情感。

良好的情感包括道德情感、理智情感、审美情感和情绪感。

第五，创新意识和创新精神及创新能力。

第六，收集、处理、整合信息的能力和素质。

第七，主体性人格。

主体性人格包括主体性、主动性、自主性和独立性。

上述诸方面的能力和素质的培养，有助于优化学生的能力结构、提高学生的整体素质，体现了思想政治理论课活动教学的方向。

（二）影响活动过程方向的因素

第一，教师因素。

教师的教育教学观念、对活动教学的认识程度、相关知识水平和设计、组织、调控活动过程的能力，影响活动过程的方向。由于教师是活动过程的组织者，因此教师对把握活动过程的方向起主导作用。部分教师在组织思想政治理论课的活动教学时，依然沿用传统课堂教学的模式，以掌握知识为目标，以教师传授为手段，忽视学生能力和素质的培养，使活动过程从根本上偏离了正确的方向。

第二，学生因素。

学生的活动态度、认知程度、经验和能力、活动水平、活动准备状态等，也影响着活动过程的方向。

第三，客观因素。

整个社会对活动教学的认可程度，学校管理者对思想政治课活动教学的支持力度，人们（包括学校管理者、其他学科教师、家长、学生）对传统思想政治理论课教学的偏见及活动场所、活动条件的限制，等等，也在很大程度上影响着活动过程的发展。

（三）评估是怎样保证活动过程的方向的

当我们从评估中获知活动过程没有立意于对学生能力和素质的培养，而是陷入了应试教育的旋涡，或者虽有能力、素质培养内容，但活动过程中残留着明显的以知识传授为核心的痕迹，对学生能力和素质的培养不够得力、不够全面时，这说明，活动的过程正在或已经偏离了正确的方向。这时，我们就会分析原因，找到症结，找出改善的办法，确保活动过程朝着正确的方向发展。教师要首先从自身着手，纠正陈旧、落后的教育教学观念，摆脱传统的思维定式，树立活动教育教学思想，真正把培养学生的能力和整体素质放到活动过程的中心位置，活动过程就会按照正确的方向发展。

参考文献

[1] 曹海英.高校思想政治教育文化生态构建的意义及路径探索［J］.环境工程，2022，40（05）：304-305.

[2] 陈冬颖，郑洁，王丹.智慧课堂提升高校思想政治理论课教学实效性路径探析［J］.教育观察，2022，11（16）：64-66.

[3] 陈梅芳.基于师生角度下高校思想政治理论课翻转课堂模式探析［J］.公关世界，2022（06）：127-128.

[4] 付旭华.论融媒体视域下高校思政理论课的机遇和挑战［J］.新闻研究导刊，2022，13（18）：197-199.

[5] 韩冬，刘剑瑞.团体动力视域下高校思想政治理论课课堂教学启示［J］.教育教学论坛，2022（13）：30-33.

[6] 郝一甲."翻转课堂"在高校思想政治理论实践教学中的应用［J］.食品研究与开发，2022，43（17）：241.

[7] 李慧娟.高校思想政治理论课教学中"对分课堂"模式的应用［J］.创新创业理论研究与实践，2022，5（02）：127-129.

[8] 刘宁.对分课堂在高校思想政治理论课教学改革中的实践、成效与价值：以思想道德与法治课为例［J］.中国多媒体与网络教学学报，2022（06）：213-216.

[9] 马文起.论高校思想政治理论课课堂教学吸引力的提升手段［J］.广西教育学院学报，2022（02）：124-127.

[10] 聂蕾，焦曼曼.高校思想政治理论课讲好中国故事的三个关键原则［J］.安徽工业大学学报（社会科学版），2022，39（01）：92-95.

[11] 齐景红.高校形势与政策课程第二课堂育人对策研究［J］.科教文汇，2022（14）：47-49.

[12] 沙耕耘.以课堂活动为中心的高校思想政治理论课教学改革探索：以"概论"课中的毛泽东思想为例［J］.学园，2022，15（17）：5-7.

［13］王晶.高校思想政治理论课课堂教学中提升学生思考效率的意义和策略：以"马克思主义基本原理"课程为例［J］.无锡职业技术学院学报，2022，21（04）：35-39.

［14］薛秀兰，高燕.基于"雨课堂"的高校思想政治理论课教学改革创新［J］.创新创业理论研究与实践，2022，5（03）：186-188.

［15］严向远.对分课堂教学模式在高校思想政治理论课中的应用研究：以"毛泽东思想和中国特色社会主义理论体系概论"课为例［J］.山西高等学校社会科学学报，2022，34（05）：17-23.

［16］杨露.新时代高校思想政治理论课课堂教学的现状和对策研究［D］.镇江：江苏大学，2020.

［17］杨宁.高校思想政治理论课课堂教学主要问题研究［D］.沈阳：辽宁大学，2019.

［18］杨亚琼.思想政治理论课翻转课堂的设计与实施研究［D］.重庆：西南大学，2020.

［19］要丹丹."翻转课堂"教学模式在高校思想政治理论课中的应用研究［D］.南昌：华东交通大学，2019.

［20］于澜.高校思想政治理论课课堂教学网络资源利用研究［D］.济南：山东大学，2018.

［21］喻维春.基于红色文化传承视域的高校思政教育现状和对策：评《高校思想政治理论课对分课堂教学实践与反思》［J］.中国油脂，2022，47（05）：161.

［22］郑世堃.论高校思想政治理论课社会实践的教学机制［J］.科学咨询（教育科研），2022（04）：72-74.